国际工程中的选择问题：
国别市场、进入模式和项目

Choices in International Construction: Country Markets, Entry Modes and Projects

李光华　陈　传　〔美〕约翰·迈塞纳　著

四川大学出版社

项目策划：王　锋
责任编辑：王　锋
责任校对：许　奕
封面设计：胜翔设计
责任印制：王　炜

图书在版编目（CIP）数据

国际工程中的选择问题：国别市场、进入模式和项目 / 李光华，陈传，（美）约翰·迈塞纳 (John Messner) 著 . — 成都：四川大学出版社，2020.10

ISBN 978-7-5690-3884-2

Ⅰ．①国… Ⅱ．①李… ②陈… ③约… Ⅲ．①国际承包工程—研究 Ⅳ．① F746.18

中国版本图书馆 CIP 数据核字（2020）第 195338 号

书名	国际工程中的选择问题：国别市场、进入模式和项目
	GUOJI GONGCHENG ZHONG DE XUANZE WENTI: GUOBIE SHICHANG、JINRU MOSHI HE XIANGMU
著　者	李光华　陈　传　〔美〕约翰·迈塞纳
出　版	四川大学出版社
地　址	成都市一环路南一段24号（610065）
发　行	四川大学出版社
书　号	ISBN 978-7-5690-3884-2
印前制作	四川胜翔数码印务设计有限公司
印　刷	成都市新都华兴印务有限公司
成品尺寸	170mm×240mm
印　张	10.75
字　数	222千字
版　次	2020年11月第1版
印　次	2020年11月第1次印刷
定　价	46.00元

◆ 版权所有 ◆ 侵权必究

◆ 读者邮购本书，请与本社发行科联系。
　电话：（028）85408408/（028）85401670/
　（028）86408023　邮政编码：610065
◆ 本社图书如有印装质量问题，请寄回出版社调换。
◆ 网址：http://press.scu.edu.cn

四川大学出版社
微信公众号

前　言

在改革开放、成功加入WTO及"走出去"等众多大战略、大事件的推动和影响下，中国国际承包商的能力和业绩得到快速提升，目前已成为国际工程市场上具有一定影响力的参与者。随着"一带一路"倡议的稳健推进和多项改革措施的相继出台，中国国际承包企业迎来新的发展机遇，目前已取得较为丰硕的成果并向新的高度不断深化发展。与此同时，全球石油和大宗商品价格持续下行，众多国家财政紧缩，国际工程市场的业务额呈萎缩之势，这导致全球国际承包商之间的竞争愈加激烈。此外，随着中国国内人口红利逐步消退，人力成本逐年提高，人民币价值仍居高位，对外承包工程的建设成本急剧上升，以致中国国际承包商传统的成本竞争优势逐渐削弱。因此，未来中国国际承包商参与国际工程市场的竞争既有良好的历史机遇，又将面临诸多挑战和困难。

近年来，我国承包商在国际工程市场取得的成绩是可喜的，但在国际工程项目投标决策方面仍存在诸多问题。从地区分布来看，当前我国已在190多个国家开展业务，初步达到了市场地理多元化的目标。但是我国企业缺乏进入发达国家市场的途径和能力，实质上业务仍主要集中在亚非等传统市场。在项目经营层面，虽然我国企业所采用的承包方式日益多元化，但是在市场进入战略层面，我国承包商并不能灵活而有效地运用市场进入模式。我国国际工程承包商在项目选择决策方面存在诸多问题，例如，盲目追求项目数量和合同额，忽视项目效益；同质竞争异常激烈；在项目选择时考虑的因素和方法较为简单，造成决策失误，工程问题频发，等等。我国承包商与来自发达国家的同行相比，在市场选择、市场进入模式选择和项目选择的决策水平上还存在着较大的差距。

针对我国国际工程承包商及其所处内外部环境的具体特点，开展市场进入方面的基础性和应用性研究，建立并推广一个系统的、全面的且易于使用的决策模型，解决市场进入过程中的三大关键选择问题（国别市场选择、市场进入模式选择和项目选择），变得非常必要而迫切。当前，工程管理领域内对于国际市场进入问题的研究刚刚开始，本书所涉及的三大决策问题在理论研究层面还存在一定的不足，需要及时填补。从中国承包商这一国际工程承包市场的新兴力量的角度全面和系统地对市场选择、进入模式选择和项目选择进行研究，不仅具有重要的理论意义，而且具有很高的现实价值。

在国别市场选择决策问题上，本书建立国际工程市场选择决策模型，并验证影响因素与市场选择决策（进入/不进入）之间的关系。在市场进入模式选择决策问题上，本书识别国际工程市场进入模式的主要类型及相互关系，建立市场进入模式选择决策的理论模型，并验证进入市场模式选择与影响因素的关系。在国际工程项目选择决策问题上，本书构建出国际工程项目选择评估时对信息需求的信息结构，识别出国际工程项目投标/不投标决策的重要影响因素并明确不同类型承包商对影响因素重要性认知的差异，构建出国际工程项目投标/不投标决策制定机理的决策框架，并界定出框架中各个决策目标的评估顺序，运用证据推理理论构建出不完全信息下多阶段国际工程项目投标/不投标决策模型。

希望本书的相关理论成果能够为我国国际工程承包商顺利进入国际工程市场贡献一份微薄之力，也希望我国国际工程承包商在国际工程市场发展得越来越好！

著 者

2020 年 11 月

目 录

1 概 论 ……………………………………………………（1）
　1.1 国际工程概述 ………………………………………（1）
　1.2 我国国际工程发展现状 ……………………………（2）
　1.3 我国国际工程在前期决策上存在的主要问题 ……（3）
　1.4 主要研究内容 ………………………………………（4）
　1.5 本章小结 ……………………………………………（6）

2 国际工程国别市场选择决策模型 ………………………（7）
　2.1 引 言 ………………………………………………（7）
　2.2 提出假设 ……………………………………………（7）
　2.3 样本选择 ……………………………………………（10）
　2.4 变量度量 ……………………………………………（11）
　2.5 分析方法 ……………………………………………（14）
　2.6 数据分析 ……………………………………………（14）
　2.7 结果讨论 ……………………………………………（17）
　2.8 本章小结 ……………………………………………（18）

3 国际工程市场进入模式识别与分类 ……………………（19）
　3.1 引 言 ………………………………………………（19）
　3.2 案例研究法 …………………………………………（19）
　3.3 国际工程市场进入基本模式 ………………………（23）

1

3.4 进入模式评估 …………………………………………………（28）
3.5 本章小结 …………………………………………………（30）

4 国际工程市场进入模式选择理论模型构建 ……………………（31）
4.1 引　言 ……………………………………………………（31）
4.2 假设提出 …………………………………………………（32）
4.3 互动效应 …………………………………………………（37）
4.4 影响因素综合 ……………………………………………（38）
4.5 本章小结 …………………………………………………（38）

5 国际工程市场进入模式选择理论模型验证 ……………………（40）
5.1 引　言 ……………………………………………………（40）
5.2 数据收集 …………………………………………………（40）
5.3 分析方法 …………………………………………………（42）
5.4 变量度量 …………………………………………………（42）
5.5 数据分析 …………………………………………………（47）
5.6 结论与启示 ………………………………………………（57）
5.7 本章小结 …………………………………………………（57）

6 国际工程项目选择评估信息模型 ………………………………（59）
6.1 引　言 ……………………………………………………（59）
6.2 信息模型构建背景 ………………………………………（59）
6.3 信息模型构建 ……………………………………………（60）
6.4 基于组织的信息结构 ……………………………………（60）
6.5 OBIA 评估 ………………………………………………（64）
6.6 模型应用 …………………………………………………（65）
6.7 本章小结 …………………………………………………（66）

7 国际工程项目投标/不投标决策影响因素研究 (67)
- 7.1 引言 (67)
- 7.2 调研问卷设计 (68)
- 7.3 研究技术与方法 (74)
- 7.4 样本数据一般情况分析 (76)
- 7.5 影响因素的数据分析与讨论 (77)
- 7.6 本章小结 (86)

8 国际工程项目投标/不投标决策框架构建 (87)
- 8.1 引言 (87)
- 8.2 投标/不投标决策框架的构建 (88)
- 8.3 投标/不投标决策因素分类 (90)
- 8.4 投标/不投标决策因素之间关系分析 (96)
- 8.5 投标/不投标决策框架构建 (108)
- 8.6 本章小结 (108)

9 国际工程项目投标/不投标决策模型构建 (111)
- 9.1 引言 (111)
- 9.2 证据理论及证据推理（ER）方法的基本原理 (112)
- 9.3 多阶段国际工程投标/不投标决策流程划分 (117)
- 9.4 基于证据推理方法的国际工程投标/不投标决策模型构建 (118)
- 9.5 投标/不投标决策模型属性评估 (121)
- 9.6 投标/不投标决策模型指标权重确定 (123)
- 9.7 决策目标指标归一化处理 (125)
- 9.8 投标/不投标决策的判定准则 (126)
- 9.9 本章小结 (127)

10 多阶段国际工程投标/不投标决策模型验证 (129)
- 10.1 引言 (129)

10.2 案例项目及投标人基本情况……………………………………(129)

10.3 投标/不投标决策模型可行性验证………………………………(130)

10.4 投标/不投标决策模型准确性验证………………………………(144)

10.5 本章小结……………………………………………………………(146)

参考文献………………………………………………………………(147)

1 概 论

1.1 国际工程概述

国际工程是指承包商于所在国之外承揽的工程项目[1]。例如，中国成达工程有限公司与英国 CB&I 有限公司组建联合体承建的福建中海油 LNG 项目，对中国成达工程有限公司而言为国内工程项目，但对英国 CB&I 有限公司而言则为国际工程项目。我国学者李启明关于国际工程的定义为："一个工程项目从咨询、融资、规划、设计、施工、管理以及培训等各个阶段的参与者不止一个国家，并且按照国际通用的工程项目管理模式进行管理的工程。"[2]根据该定义，上述项目对中国成达工程有限公司而言也属于国际工程。本书采用段首的定义，即对中国国际工程承包商而言，中国以外的工程项目均为国际工程。

无论从企业层面还是从国家层面来看，承揽国际工程对承包商自身及其国家的发展均有积极的作用。对于企业而言，承揽国际工程项目不仅能帮助其有效对冲国内经济周期性波动对其业绩造成的扰动，还能通过参与国际工程市场的竞争来增加其在相关专业领域的能力、知识和经验[3][4]。对于企业所属国而言，承包商积极参与国际工程项目有诸多好处：①从海外项目中赚取利润；②在实施海外工程项目的过程中带动本国设备和材料的出口；③带动服务业的出口（比如保险、运输和融资等服务）；④通过参加海外项目提高国民收入；⑤通过海外项目的长期运行和维护工作，提升本国商品和服务的声誉，创造更多新项目的商业机会；⑥从本国和项目所在地的东道国招揽人才[5]。因此，针对当前我国部分行业存在的产能过剩状况，扩大对外工程承包是有效解决该问题的重要举措之一。

然而，国际工程承包商在市场进入中必须解决一系列决策问题，包括选择国家、选择进入模式和选择项目。此三项决策之间存在密切的联系，任何一项决策存在失误，都有可能给企业带来有形或无形的损失。本书主要围绕这三大决策问题展开研究，揭示各项决策的制定机理，设计出合理的决策方法，借此辅助国际工程承包商更加顺利地进入国际市场。因此，本书的研究在理论上和实践上均具有十分重要的意义。

1.2 我国国际工程发展现状

虽然在商业意义上中国承包商进入国际工程市场的历史较短，但在改革开放、中国成功加入WTO及"走出去"战略等众多大事件的推动和影响下，中国承包商的能力和业绩得到快速提升，目前已经成为国际工程市场上具有一定影响力的重要参与者[6]。新中国成立伊始，中国承包商即开始承揽国际工程项目，但主要是以经济援助的形式对不发达的盟友国家提供支持[7]。这类项目缺乏商业性，且一般规模相对较小。直到改革开放后，中国承包商才开始承接真正具有商业价值的大型工程项目[8]。在改革开放40多年发展历程中，中国对外承包工程发展迅猛。从1979年的零营业额，到2018年的1186.67亿美元营业额，实现了项目从无到有、由少到多，规模由小到大的巨大转变。当前我国各类从事对外承包工程的企业有2000余家[9]，国际工程承包业务遍布全球192个国家[10]，中国承包商基本上形成了一支由多行业组成、能与外国承包商竞争的队伍[9]。

2013年9月"一带一路"倡议首次由习近平主席提出。建设经济走廊和实现基础设施的互联互通是"一带一路"倡议的主要愿景，"一带一路"倡议的实施在促进沿线国家基础设施投资和建设方面发挥着积极的推进作用。伴随该倡议的稳健推进和多项配套措施的相继出台，中国国际工程承包商迎来了巨大的发展机遇。根据商务部统计的数据，自"一带一路"倡议提出以来，中国国际工程承包商在"一带一路"沿线国家的新签合同额呈现逐年增长的趋势。除传统的发展中国家在城镇化发展、交通、电力等方面还存在一定的缺口外，发达国家的基础设施更新改造也正迎来一个高峰期，因此，未来几十年全球基建市场有望迎来新一轮的发展红利[11][12]。中国国际工程承包的发展还享有诸多机遇，包括国家支持政策不断完善、支持措施不断加强、跨国金融服务水平开始提高等[9][11]。

与此同时，自2008年美国次贷危机后，全球石油和大宗商品价格持续下行，各国财政紧缩，国际工程市场持续4年萎缩，各国对外承包商之间的竞争日趋激烈。近年来，国际工程承包商的亏损比例尽管未保持继续攀升的势头（2012—2019年），但亏损比例仍居高不下，如图1.1所示。中国国际工程承包商正面临着与韩国、土耳其和巴西等中等收入国家和发展中国家的承包商争夺中低端市场的压力。此外，美国、日本和西班牙等发达国家的承包商也加入争夺亚非地区市场的竞争中，并出台了出口设备退税、补贴等提升本国承包商竞争力的政策[13]。随着我国国内人口红利逐步消退，薪酬成本逐年提高，人民币价值持续处于高位，对外承包工程的建造成本急剧上涨，以致中国国际工程承包商在国际工程市场的相对竞争优势正在逐步削弱。在未来，中国国际工程承包商在国际市场获取工程项目必将面临诸多挑战和困难。如何保持中国国际承包工程业务的可持续

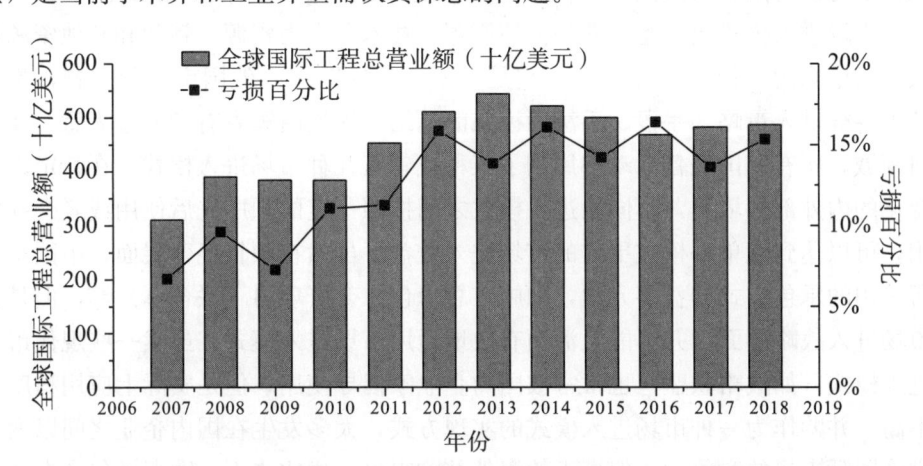

性，是当前学术界和工业界亟需认真深思的问题。

图 1.1 ENR250 **国际工程承包商营业总额及亏损比例数据（数据来源：ENR）**

1.3 我国国际工程在前期决策上存在的主要问题

虽然进入国际市场面临诸多挑战，需要投入大量的资源，对我国承包商而言，重大的历史机遇不可错过，甚至初期的高额"学费"和较大的资源投入也是可以接受的[14]。但是，如何快速有效地从摸索中学习，避免低级和重复的错误，提升市场进入相关决策水平，与来自其他国家的国际工程承包商及进入国本地承包商抗衡，对作为国际市场中快速发展的新生力量的中国承包商而言至关重要。然而，我国承包商在市场进入决策方面存在市场选择范围狭窄、进入模式单一和不理性的项目选择等问题，这是致使其国际市场开拓和经营困难的重要原因之一。

战略决策被定义为在一系列可行的和可得的行为路径中进行的选择，以实现组织的目标[15]。在商业领域，对于市场进入战略的主流研究集中于市场选择和市场进入模式选择，因为这两个问题将涉及大量的资源投入，而且一旦确定将很难改变，所以是非常关键的战略决策问题。国际市场选择被定义为一个建立市场选择标准，研究市场潜力，然后按照选择标准对市场进行分类，最后选择应当优先开拓的市场的决策过程。从地区分布来看，当前我国已在190多个国家开展业务，初步达到了市场地理多元化的目标。但是我国企业缺乏进入发达国家市场的途径和能力，实质业务仍主要集中在亚非等传统市场[19]。中国承包商在这些国家和地区有明显的竞争优势，其主要竞争对手是同质化的本国公司，而且与其他国家的承包商有明显的价格差。个别中国承包商对欧美市场的开拓已尝试了30多年，但是因为力量单薄，投入力度不大，时至今日仍不十分成功[20]。所以从总体上可以看出，中国国际工程承包商的市场选择并不很合理。

市场进入模式指的是企业如何使服务、技术、人力资源、管理和其他资源进入他国市场的一种制度安排[21]。它是关于"怎样"进入他国市场的问题，是对各种各样进入策略、手段、手法的模式的总结。无论决策者有意或者无意，在任何领域，所有跨国经营活动都用到了某种或者某几种市场进入模式。在特定以及变化的内外部环境下，不同的进入模式之间按照一定的顺序先后使用或者合并使用，可以达到比单一模式更佳的市场进入效益。虽然在项目经营层面，中国企业所采用的承包方式日益多元化，如施工总承包、合资项目（联合体）等，但是在市场进入战略层面，并不能灵活而有效地运用市场进入模式。虽然一些现代市场进入模式（如战略联盟）也常常被国内企业家倡导使用，但是实际上应用程度并不高。并购作为一种市场进入模式的实现方式，大多发生在国内企业之间以增强进入国际市场的竞争力，但真正的海外并购很少。相比之下，欧洲承包商在通过控股、并购等手段实现扩张方面非常成熟。

从价值链的角度看，项目承包是企业价值链的起点。只有不断获得项目，企业的生产经营活动这一链条才不会中断。因此，项目的选择非常重要。我国对外承包工程中的大型项目近些年来明显增多，以亿美元为计算单位的工程项目越来越多。但我国国际工程承包商在项目选择决策方面仍存在诸多问题[22]。例如，我国国际工程承包商存在着盲目追求项目数量和合同额，忽视项目效益的问题。而且相当一部分企业集中在产业链条低端的、利润较低的施工领域[11][23]。在国际工程市场，中国企业之间的竞争异常激烈，部分企业为了获得项目不惜以低于合理成本价进行报价，严重损害整个工程建设行业甚至国家的利益[24]。我国国际工程承包商在项目选择方面所考虑的因素和方法也较为简单，特别容易造成决策失误的状况。这些决策失误充分暴露出中国国际工程承包商在项目实施前对于一系列重大决策问题（不仅仅是项目选择问题）没有很好地分析解决，与来自发达国家的同行相比存在很大的差距[25]。

1.4 主要研究内容

目前，在工程管理领域内对国际市场进入问题的研究刚刚开始，本书所涉及的三大决策问题在理论研究上还存在很大的缺口，需要及时填补。因此，从中国国际工程承包商这一国际工程承包市场的新兴力量的角度全面和系统地对市场选择、进入模式选择和项目选择进行研究，不仅具有重要的理论意义，而且具有很高的现实价值。

国际工程中的三大决策问题之间是相互关联的，其相互关系如图 1.2 所示。通常情况下，工程企业应首先确定具体进入哪些国家，进入/不进入某个目标国家市场，在确定了具体国家市场后需要进一步确定采用什么样的进入模式（例如联合体、独资公司等），然后企业还需要根据既定的进入模式确定是否参与进入选定国家的潜在工程项目的投标决策问题。当企业在评估是否参与某个项目投标时，可能会发现其以特定的进入模式参与项目投标缺乏一定的竞争力，在项目选择决策时可能通过改变其进入模式以改善其竞争优势，从而出现项目选择决策后再选择进入模式的情况。最后，当企业确定参与具体项目的投标时，需要确定项目的合理投标报价问题（平衡利润水平与中标概率之间的关系），由于该决策问题不属于选择性的决策问题，故在本书中未进行具体阐述和论证。

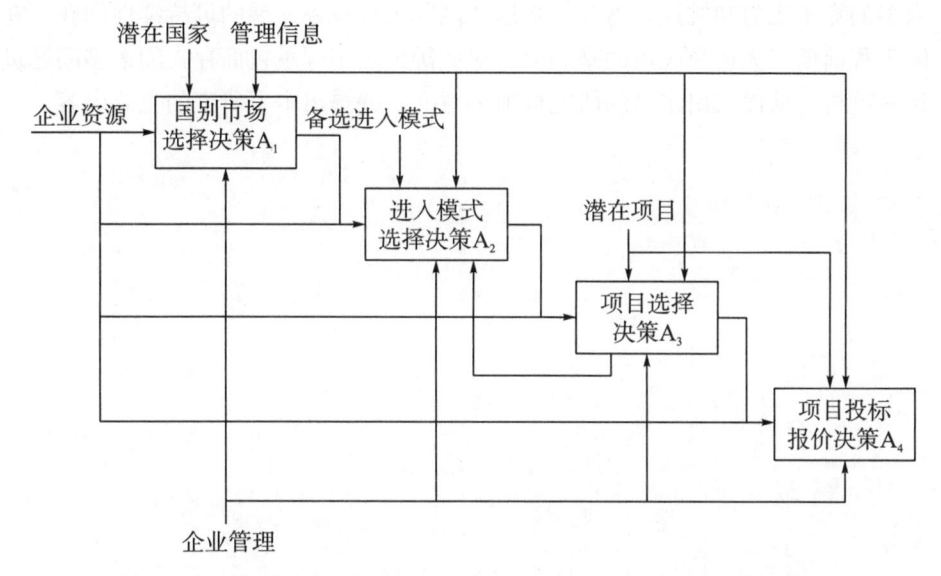

图 1.2 国际工程市场选择、进入模式选择和项目选择之间的关系

以上各个决策问题的有效制定均离不开相关理论支撑。为构建三大决策问题的理论体系，本书的主要研究内容具体如下：

第一，国别市场选择决策问题：建立国际工程市场选择决策模型，并验证市场选择决策（进入/不进入）与影响因素之间的关系。

第二，市场进入模式选择决策问题：识别国际工程市场进入模式的主要类型及相互关系；建立市场进入模式选择决策的理论模型，并验证进入市场模式选择（流动性进入与永久性进入）与影响因素的关系。

第三，国际工程项目选择决策问题：构建出国际工程项目选择评估时对信息需求的结构；识别出国际工程项目投标/不投标决策的重要影响因素，并明确不同类型承包商对影响因素重要性认知的差异；构建出国际工程项目投标/不投标的决策框架，并界定出框架中各个决策目标的评估顺序；运用证据推理理论构建出不完全信息下多阶段国际工程项目投标/不投标决策模型，并运用案例对模型进行验证。

1.5 本章小结

本章首先介绍国际工程的相关概念，阐明了在国家和企业层面实施国际工程项目的原动力，并提出国际工程前期决策所要解决的三大选择决策问题（市场选择、进入模式选择和项目选择）。在阐述我国国际工程发展的状况后，明确了在纷繁复杂的国内外环境下，我国国际工程承包商既拥有诸多的历史机遇，又面临众多的竞争压力和挑战，需要认真思考国际工程业务发展的可持续性问题。在国际工程前期三大选择决策的基础上，对我国国际工程承包商存在的诸多问题进行逐一剖析，从而突出本书的研究价值和意义，并提出本书研究的主要内容。

2 国际工程国别市场选择决策模型

2.1 引 言

近年来，随着跨界经济合作的逐步深入，国际市场的进入壁垒逐渐降低，从而给工程企业进入国际工程市场带来更多的机会。全球共有200多个国家和地区，每个国家和地区都有可能被选择为进入的目标市场。如果一家工程承包商想开拓国际市场，那么第一个要面临的问题就是选择哪些市场最合适。市场选择是企业进入国际市场的一个重要决策问题，因为该决策对企业的国际化成败及企业在国际市场的竞争力具有重要影响。在国际商业领域，国际市场选择受到了广泛的关注，大量的市场选择决策模型被提出，一系列决策影响因素被识别。这些研究成果对中国企业进行国际工程市场的选择具有一定的借鉴作用。然而，这些研究主要集中于制造行业，而且关注的主要是发达国家的企业，尤其是美国的企业。因此，直接将国际商业领域中国际市场选择研究的成果不加修改地应用于中国企业的国际市场选择并不合适。

当前，专注于国际工程市场选择的研究还相对较少，且这些研究存在一定的局限。这些研究主要采用描述性统计分析方法，不能有效揭示影响因素与市场选择结果之间的因果关系。尽管这些研究对国际工程市场选择决策做出了一定的贡献，但是仍然存在一些问题有待进一步研究。本章研究主要以中国国际工程承包商为对象，构建国际工程市场选择决策模型，其主要解决以下三个方面的问题：①识别影响中国国际工程承包商进行市场选择的因素；②确定影响因素对市场选择决策的影响机理；③构建适合中国国际工程承包商的市场选择决策模型。

2.2 提出假设

过往众多学者[29-32]采用多元回归方法进行国际市场选择决策问题的研究。为实现研究目标，本章采用多元回归分析中的二元逻辑回归方法进行分析。基于广泛的文献回顾，本章构建出新的国际市场选择决策模型，如图2.1所示。该模型利用已知的影响制造企业进行国际市场选择决策的因素，并考虑到工程行业的不同特征。在本书中，识别出的影响国际市场选择决策的因素主要有市场潜力、国家风险、竞争水平、文化距离、地理距离、企业规模、国际经验。基于提出的7个影响因素，分析其如何影响中国国际工程承包商进行市场选择决策，并提出相应的假设。

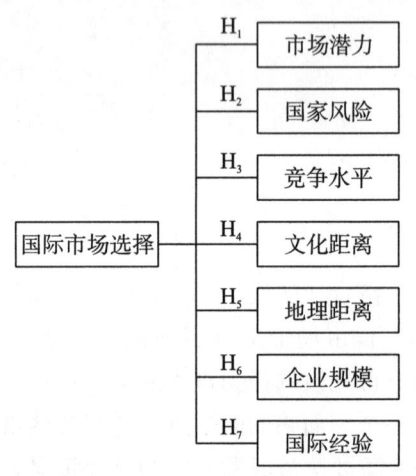

图 2.1　中国国际工程承包商市场选择决策模型

2.2.1　市场潜力

市场潜力是指目标市场潜在规模的大小。市场潜力的大小与承包商所占的市场份额成正向关系。通常，目标市场的市场潜力越大，进入该市场的承包商获取市场份额的可能性也越大。市场潜力是驱动承包商进行国际市场拓展的主要驱动因素之一，也是影响其进行市场选择决策的重要影响因素之一。工程企业更倾向于进入市场潜力大的市场。因此，可建立第 1 个假设，具体命题如下。

假设 1：在其他影响因素不变的情况下，待进入国家的市场潜力越大，承包商越有可能进入该市场。

2.2.2　国家风险

国家风险是指在特定国家从事商业活动所面临的风险，其主要由政治风险和经济风险组成，对进入该国家的企业经营状况会造成重大影响。通常，国家风险越高，对企业可能造成的经济损失越大。当一个国家的国家风险很高时，企业更倾向于采用流动性进入方式或限制资源的投入；如果该国的商业环境进一步恶化，则可能撤离该市场。因此，可建立第 2 个假设，具体命题如下。

假设 2：在其他条件不变的情况下，承包商倾向于选择国家风险水平较低的国家。

2.2.3　竞争强度

竞争强度是指具体东道国工程市场竞争的激烈程度。工程企业在进入某个国际工程市场时，会根据自身的竞争能力评测其在该市场所占的份额。市场竞争越激烈，工程企业在该市场获取的市场份额越少。此外，在一个竞争异常激烈的东道国，企业的利润水平通常较低。市场竞争激烈时，承包商在该市场获得项目的难度将会加大，导致获得项目的可能性降低。由于竞争比较激烈，就会有多个承包商同时竞争一个项目，部分承包商为了获得工程项目将会极大地压低工程报价，从而使得工程项目的利润变得很低。在市场总需求规模一定的情况下，市场竞争越激烈，单个承包商所占的市场份额将会越小，从而影响承包商的总收入。总之，市场竞争越激烈，承包商越不可能进入这个市场。因此，可建立第3个假设，具体命题如下。

假设3：在其他条件不变的情况下，承包商倾向于选择竞争水平较低的国家。

2.2.4　文化距离

国际市场的不确定性是企业进行海外扩张的主要障碍之一。当企业母国与东道国之间的文化距离很大时，评估投资潜力、移植管理经验和收集情报等就成为十分棘手的问题。由于不同国家之间在语言和商业惯例上存在差异，从而造成企业在沟通、营销和运营等方面发生错误的可能性与这些差异的多少成正比。文化上的距离可能导致公司绩效降低，因而与企业经营习惯不同的市场应尽量规避，尤其是在企业首次进入国际市场时。与制造业企业相比，文化距离的负面影响对于服务型企业而言是潜在的，因为服务型企业与服务提供者及其客户之间的交流更加频繁和关键。因此，可建立第4个假设，具体命题如下。

假设4：在其他条件不变的情况下，企业母国与东道国之间的文化距离越大，承包商进入该东道国的可能性越低。

2.2.5　地理距离

地理距离是指东道国与企业母国之间的物理距离。一般而言，在地理距离很远的国家开展工程业务存在很大的困难，相应的经营成本也很高。在较近的国家经营信息交换更容易、更频繁，而在较远的国家原材料和产品的运输成本更高。在执行项目的过程中，承包商可能会从其母国采购原材料和设备。当承包商进入地理距离较远的国家时，运输费用可能很高。因此，可建立第5个假设，具体命题如下。

假设5：在其他条件不变的情况下，企业母国与东道国之间的地理距离越大，承包商进入该东道国的可能性越低。

2.2.6 企业规模

当企业进入国外市场时，需要进行营销和合同管理等活动的资源投入。此外，在与目标市场已有的参与者竞争时，作为外来者和后来者，企业必然存在一些劣势。要在进入的市场得以生存，企业就必须拥有一定的竞争优势。在一定程度上，企业规模大则表明企业拥有更多的资源和竞争优势。因此，大型企业更加倾向于向国际市场扩张。承包商在国际工程市场面临的风险要比在国内工程市场面临的风险大[33]，而大型承包商具有更大的承受这些风险的能力。通常，国际工程承包商限于承揽东道国本地承包商无法完成的更大、更复杂和技术要求更高的项目，而规模较小的项目则较少进行国际招标。因此，可建立第6个假设，具体命题如下。

假设6：在其他条件不变的情况下，规模较大的承包商更愿意进入国际市场。

2.2.7 国际经验

承包商一旦获得国际经验，就可以减少有关东道国的不确定性因素的影响。承包商获得的国际经验越多，进入更多距离偏远国家的诱惑就越大[34]。在某些国外市场上，以降低经营成本为目标的方法具有向相似文化的其他国家转移的能力[35]。经验丰富的承包商在评估国际项目和中标方面拥有更完善的策略。他们善于适应不同的沟通方式、程序问题和法律框架，他们娴熟于处理文化上不同的劳动关系，他们更加熟谙于在东道国应用的国际标准和法规。这些因素使他们可以为客户提供更好的服务。国际经验可以弥补失误，赢得合同并提高盈利能力。因此，可建立第7个假设，具体命题如下。

假设7：在其他条件不变的情况下，具有丰富国际经验的承包商更愿意进入国际市场。

2.3 样本选择

越来越多的中国国际工程承包商进入国际工程市场，并成为重要的参与者。ENR每年根据国际工程营业收入对国际工程承包商进行排名，本章以2010年至2014年间列入ENR顶级国际工程承包商的中国国际工程承包商为对象，分析得出74家企业至少有一次在列。有39家承包商在5年时间内一直出现在该排名中，说明这些承包商在国际工程市场足够活跃，从而以这39家承包商作为研究对象。

世界上有200多个国家和地区，该研究仅限于87个国家和地区。由于缺乏数据或无法获得数据而将其余国家排除在外。尽管如此，所考虑的抽样国家还是占全球GDP总量和世界建筑业总产值的绝大部分，因此，选取的样本具有代表性，如表2.1所示。本章调查了87个国家和地区的39个中国国际工程承包商的活动，总共调查了3393个案例。

表2.1 样本国家的GDP及建筑业总产值

年份	GDP（十亿美元）			建筑业总产值（十亿美元）		
	所有国家	样本国家	比例（%）	所有国家	样本国家	比例（%）
2010	63434.781	55150.821	87	3426.543	2873.715	84
2011	70329.877	60258.337	86	3801.039	3141.334	83
2012	71696.169	60687.480	85	3899.600	3163.731	81
2013	74840.146	62616.494	84	3985.982	3166.660	79
2014	75761.308	62618.865	83	—	—	—

注：a—数据源自世界发展指数（世界银行，2014）；
　　b—数据源自世界发展指数（世界银行，2014）；
　　c—数据源自美国国家统计局；
　　d—数据源自美国国家统计局；
　　e—根据美国国家统计局的数据进行分析计算。

2.4 变量度量

2.4.1 因变量

因变量（ME_{ij}）是表示承包商是否已进入东道国的二元变量。在历年ENR的一些报告中包含"顶级国际工程承包商：他们在哪些国家工作"（以下简称"顶级承包商工作国家"）的内容，这些报告列出了在特定年份中顶级承包商活跃在哪些国家。如果在调查期间，报告承包商i在国家j工作至少一年，那么认为承包商i已进入国家j，则$ME_{ij}=1$；否则，认为承包商i未进入国家j，则$ME_{ij}=0$。

2.4.2 自变量

2.4.2.1 市场潜力

市场潜力通常由市场需求决定，通常由GDP衡量[30][36][37]。与以往的研究一致，使用2009—2013年这5年期间的平均GDP来衡量样本国家的市场潜力。

除中国台湾地区外，所有国家和地区的 GDP 数据均源自世界银行《世界发展指标（2014 年）》。由于这些指标中未包含中国台湾地区的数据，因此 2009—2012 年中国台湾地区的 GDP 数据取自《中国统计年鉴（2014）》（中国国家统计局，2014 年）。年鉴中的 GDP 数据在可靠性上等同于"世界经济发展指标"。

2.4.2.2 国家风险

《机构投资者杂志》（*Institutional Vestor*）每半年发布一次国家信用等级。评级是根据领先的全球银行、货币管理公司和证券公司的高级经济学家和主权风险分析师提供的信息得出的，对国家按照 0 到 100 进行评分。等级 100 代表最低的国家风险，等级 0 代表最高的国家风险。然后，《机构投资者杂志》根据吸引这些专家的组织的信誉来权衡这些分数，并计算最终的国家平均风险分数。风险评分代表国家信用等级，涵盖政治和经济风险，适合评估国际市场风险。《机构投资者杂志》发布的 2011—2013 年国家平均信用等级得分用于衡量样本国家的国家风险。

2.4.2.3 竞争强度

行业组织经济学认为，随着行业竞争者数量的增加，竞争强度会增加，对市场份额和边际利润率产生下行压力。因此，可以通过 ENR 顶级国际工程承包商中列出的活跃于该国的顶级承包商的平均数量来衡量其所在国的国际工程竞争强度。尽管任何一个承包商的竞争能力都受其规模大小的影响，但本书的重点是市场本身的竞争强度。由于大型和小型国际工程承包商都可以进入任何市场，因此任何一个市场中国际工程承包商的数量都可以衡量该市场的竞争强度。2010—2014 年的"顶级承包商工作国家"被用来提取活跃的工程企业竞争激烈程度。计算方法如式（2-1）所示：

$$CI_j = \left(\sum_{k=2010}^{2014} \sum_{i=1}^{n} X_{ijk} \right)/5 \qquad (2-1)$$

式中，CI_j 表示国家 j 的竞争激烈程度。X_{ijk} 是二元变量，当 $X_{ijk}=1$ 时，表示在第 k 年第 i 个承包商在国家 j 执行项目；而当 $X_{ijk}=0$ 时，表示在第 k 年第 i 个承包商未在国家 j 执行项目。n 表示 ENR 列举的顶级国际工程承包商的数量。

2.4.2.4 文化距离

Hofsted[60]首先从四个方面描述和衡量了民族文化。Kogut 和 Singh[38]提出了一个基于这四个维度的综合指数来衡量文化距离，并用它预测美国公司进入国际市场的方式。尽管受到一些研究人员的批评，但该指数对于国际市场选择仍然是合理的[36][39]。目前，四个维度已经扩展到六个维度，反映出文化研究领域的发展。这种方法所使用的数据来自霍夫斯泰德中心，包含 101 个国家和地区的数据集。本书使用来自所有 101 个国家的数据。计算方法如式（2-2）所示：

$$CD_j = \sum_{i=1}^{n} [(I_{ij} - I_{ic})^2 / V_i]/n \qquad (2-2)$$

式中，CD_j 表示国家 j 与中国之间的文化距离；I_{ij} 表示国家 j 在维度 i 的得分；I_{ic} 表示中国在维度 i 的得分；V_i 表示数据库中所有 101 个国家的维度 i 得分的方差；n 表示国家 j 得分的维度数，范围在 4 和 6 之间。

2.4.2.5 地理距离

地理距离是指物理距离。由于运输通常是在主要交通枢纽之间进行，因此地理距离设定为中国首都（北京）与东道国首都之间的距离。这些数据取自一家法国研究中心（CEPII），该研究中心专注于国际经济学的研究，提供有关世界经济的研究数据库和分析数据。由 CEPII 建立的 GEODIST 数据库提供有关 225 个国家和地区的地理信息，包括首都之间的实际距离。

2.4.2.6 企业规模

企业规模可以通过多种方式来衡量，例如，通过企业资产或雇员人数来衡量[5]。研究中最常用的方法是总收入[37][39]。通常，总收入、资产价值和员工规模水平之间存在相关性。因此，根据 ENR 的报告，样本承包商的规模是通过 2009—2013 年的全球平均总收入来衡量的。

2.4.2.7 国际经验

一家企业在海外经营年限（时间长短）和经营国家数量（范围大小）都反映了其国际经验的水平。研究表明，年限和数量都会影响市场选择，但是数量作为预测因子被验证优于年限[34]。国际经验被量化为承包商进入的国家数量，该数据是根据 1993—2013 年的 ENR 报告得出的。ENR "顶级国际工程承包商工作国家"确认顶级国际工程承包商是否在 ENR 的 150 个国家之一中工作。尽管重点放在 87 个样本国家和地区，但如果承包商也活跃在 87 个样本国家和地区之外的 63 个（150-87=63）国家和地区中的任何一个国家和地区，这将表明其更具有国际经验。因此，在 150 个国家和地区，对承包商所经营的国家和地区的数量进行汇总，以确定该公司的国际经验。计算方法如式（2-3）所示：

$$IE_i = \sum_{j=1}^{150} ME_{ij} \qquad (2-3)$$

式中，IE_i 表示承包商 i 的国际经验，ME_{ij} 表示承包商 i 在 1992—2012 年间是否进入了国家 j。

2.5 分析方法

在考虑是否进入东道国时，承包商实际上有两种选择：选择或者拒绝。早期的研究人员证实了逻辑回归分析对国际市场选择的适用性[37][39][40]。根据先例，本书应用逻辑回归分析来确定影响大型中国国际工程承包商进行国际市场选择决策的因素，该模型如式（2-4）所示：

$$\log_2 it(P_{ij}) = \log_2\left[\frac{P_{ij}}{(1-P_{ij})}\right]$$
$$= \beta_0 + \beta_1 MP_j + \beta_2 CR_j + \beta_3 CI_j + \beta_4 CD_j + \beta_5 GD_j + \beta_6 FS_i + \beta_7 IE_i \quad (2-4)$$

式中，P_{ij} 表示承包商 i 进入国家 j 的概率；MP_j、CR_j、CI_j、CD_j、GD_j、FS_i 和 IE_i 分别表示市场潜力、国家风险、竞争强度、文化距离、地理距离、企业规模和国际经验。

2.6 数据分析

2.6.1 模型有效性评估

为验证逻辑回归推导得出的国际市场选择模型的有效性，需确认因素间不存在多重共线性，具体检查结果见表2.2。通常，当影响因素之间的相关系数小于0.6时，可以认为不存在多重共线性。除企业规模与国际经验的二元相关性系数大于0.5（$R=0.548$，$P<0.001$）外，其余相关系数均小于0.4，这说明本章的自变量之间不存在严重的多重共线性。为进一步检验自变量之间的共线性，本章通过计算方差膨胀因子进一步确认，详见表2.3。所有因素的方差膨胀因子最大为1.599，远小于指定10的阈值，从而进一步说明自变量之间不存在多重共线性。

表2.2 关联系数、均值和标准差

变量	均值	标准差	膨胀因子	1	2	3	4	5	6
市场潜力	7073	18594	1.231	—	—	—	—	—	—
国家风险	57.28	23.09	1.559	0.3523[a]	—	—	—	—	—
竞争强度	27.37	16.71	1.233	0.3256[a]	0.2802[a]	—	—	—	—
文化距离	2.49	1.21	1.546	0.1441[a]	0.3442[a]	−0.1018[a]	—	—	—

续表2.2

变量	均值	标准差	膨胀因子	1	2	3	4	5	6
地理距离	8795	4080	1.394	-0.0429^b	-0.2144^a	-0.2110^a	0.3789^a	—	—
企业规模	107.56	198.56	1.430	0.0000	0.0000	0.0000	0.0000	0.0000	—
国际经验	32.74	26.75	1.430	0.0000	0.0000	0.0000	0.0000	0.0000	0.5483^a

注：a—$P<0.001$；b—$P<0.05$。

通过二元逻辑回归建立四个模型，如表2.3所示。模型1（包括所有七个因素）在统计上是显著的（$\chi^2=852.9007$，$P<0.0001$），表明七个独立变量对因变量的解释力都强。具体来说，国际市场选择的36.88%可以归因于七个因素（最大重新缩放的$R^2=0.3688$），因变量的正确预测率为85.64%。因此，模型1能很好地拟合数据，模型1可以用于解释中国国际工程承包商的国际市场选择。

表2.3 四个市场选择预测模型回归结果

变量	模型1a β	模型1a SE	模型2b β	模型2b SE	模型3c β	模型3c SE	模型4d β	模型4d SE
截距	-2.6139^e	-2.6139^e	-2.6139^e	-2.6139^e	-2.6139^e	-2.6139^e	-2.6139^e	-2.6139^e
市场潜力	5.75×10^{-6f}	2.70×10^{-6}	4.85×10^{-6}	2.48×10^{-6}	5.76×10^{-6f}	2.70×10^{-6}	5.0×10^{-6f}	3.0×10^{-6}
国家风险	-0.0291^e	0.00301	-0.0246^e	0.00274	-0.0291^e	0.00301	-0.02793^e	0.002937
竞争强度	0.053^e	0.00355	0.0449^e	0.00319	0.053^e	0.00355	0.054018^e	0.003512
文化距离	-0.1851^g	0.0569	-0.1589^g	0.0522	-0.1853^g	0.0569	-0.2302^e	0.049613
地理距离	-0.00003	0.000016	-0.00002	0.000015	-0.00003	0.000016	—	—
企业规模	0.000182	0.000257	0.00262^e	0.000205	—	—	—	—
国际经验	0.0397^e	0.0022	—	—	0.0405^e	0.00194	0.040422^e	0.001938
似然比	852.9007^e	474.5221^e	852.4021^e		849.7706^e			
R^2	0.2223	0.1305	0.2222		0.2215			
调整R^2	0.3688	0.2165	0.3686		0.3676			
正确分类率	85.64%	83.64%	85.73%		85.65%			

注：a—模型1包含所有的变量，b—模型2不包含国际经验，c—模型3不包含企业规模，d—模型4采用逐步二元逻辑回归的最终结果，e—$P<0.001$，f—$P<0.05$，g—$P<0.01$。

在模型1中，尽管企业规模的回归系数为正值，但显著性水平大于0.05，表明企业规模对承包商的国际市场选择决策没有决定性影响。该结果与先前认为企业规模影响市场选择的结论不一致[37]。数据未能通过0.05水平的显著性检验，可能与企业规模和国际经验之间较高的相关性有关（$R=0.5483$，$P<0.0001$）。为解决这个问题，提出另外两个模型：一个是在模型2中删除了国际经验，另一个是在模型3中删除了企业规模。

在模型1、模型2和模型3中，地理距离的回归系数的显著性水平均未通过检验，表明这些模型存在过度拟合的风险。为了检查模型中是否应包含所有七个变量，对数据进行了逐步二元逻辑分析，具体结果见模型 4。模型 1 用于检验所有假设。模型 2、模型 3 和模型 4 是模型 1 的补充。模型 2 和模型 3 专门用于测试模型 6 和模型 7，模型 4 确定是否应将七个变量都包含在模型中。模型 2 是统计显著的（$\chi^2 = 474.5221$，$P<0.0001$），最大拟合优度 R^2 为 0.2165，正确分类率为 83.64%。模型 3 也是统计显著的（$\chi^2 = 852.4021$，$P<0.0001$），最大拟合优度 R^2 为 0.3686，正确分类率为 85.73%。模型 4 也是统计显著的（$\chi^2 = 849.7706$，$P<0.0001$），最大拟合优度 R^2 为 0.3676，正确分类率为 85.65%。因此，模型 2、模型 3 和模型 4 均能很好地拟合数据。

2.6.2 假设检验分析结果

通过二元逻辑回归分析，可以实现对七个假设进行验证，从而判断相关因素如何影响国际市场选择决策。以上 4 个模型为假设 1、假设 4、假设 6 和假设 7 提供了有力的支持，但不支持假设 2、假设 3 和假设 5。

假设 1：在其他条件不变的情况下，待进入国家的市场潜力越大，承包商越有可能进入该市场。在模型 1 中，市场潜力的回归系数为正值，且具有较高的显著性水平（$\beta_1 = 5.75 \times 10^{-6}$，$P=0.0333$），表明具有很大市场潜力的国家对承包商具有很强的吸引力。因此，假设 1 是正确的。

假设 2：在其他条件不变的情况下，承包商倾向于选择国家风险水平较低的国家。在模型 1 中，尽管国家风险的统计水平是显著的（$P<0.0001$），但其回归系数为负值（$\beta_2 = -0.0291$），表明中国国际工程承包商倾向于进入高风险的市场。该结论与假设 2 相反，由此得出假设 2 是不正确的。

假设 3：在其他条件不变的情况下，承包商倾向于选择竞争水平较低的市场。在模型 1 中，竞争水平的统计性水平是显著的（$P<0.001$），其回归系数为正（$\beta_3 = 0.053$），表明中国国际工程承包商倾向于进入风险大的市场，该结论与假设不一致。因此，假设 2 是不正确的。

假设 4：在其他条件不变的情况下，企业母国与东道国之间的文化距离越大，承包商进入东道国的可能性就越低。在模型 1 中，文化距离的回归系数为负值，且具有较高的显著性水平（$\beta_4 = -0.1851$，$P=0.0011$），表明中国国际工程承包商更愿意进入文化相近的国家。因此，假设 4 是正确的。

假设 5：在其他条件不变的情况下，企业母国与东道国之间的地理距离越大，承包商进入东道国的可能性越低。在模型 1 中，中国国际工程承包商可能倾向于进入地理距离近的国家（$\beta_5 = -0.00003$），但该回归系数的显著性水平不明显（$P=0.106$），反映地理距离对国际市场选择没有影响。此外，在模型 4 中，地理距离未包含在模型中，表明该因素在市场选择决策中可以忽略。因此，可以得出模型 5 不正确。

假设 6：在其他条件不变的情况下，规模较大的承包商更愿意进入国际市场。在模型 1 中，企业规模的回归系数为正值（$\beta_6 = 0.000182$），但其显著性水平偏低（$P = 0.4785$），表明大型承包商更有可能进入国际市场，但该因素不能解释国际市场选择。在模型 2 中，企业规模对国际市场选择的影响不仅是正向的，且是显著的。模型 2 可以通过测试，而模型 1 不能通过测试。通过将模型 1 和模型 2 的结果进行对比，可以认为模型 1 中企业规模不能通过显著性检验是由企业规模和国际经验之间的共线性引起的。因此，可以得出企业规模对中国国际工程承包商的国际市场选择具有决定作用，而且大型承包商更倾向于进入国际市场。因此，假设 6 是正确的。

假设 7：在其他条件不变的情况下，有丰富国际经验的承包商更愿意进入国际市场。国际经验的系数在模型 1 和模型 3 中均为正值且显著，从而表明国际经验对国际市场选择具有决定性作用，国际经验丰富的中国国际工程承包商更易再次进入其他国际市场。因此，假设 7 是正确的。

2.7 结果讨论

本章研究的相关结论进一步支撑以往相关研究的部分成果，但也对部分研究成果予以反驳。在通过文献回顾提出的七个假设中，有三个得到了充分的支持。首先，结果与企业偏好具有较大市场潜力的国家这一主张相吻合[31][36][41]。其次，它们支持长期以来的观点，即企业被文化习俗和价值观更接近其本国的国家所吸引[36][39][42]。再次，验证了如果企业已经具有国际经验，那么它们对国际市场就会有更大的兴趣[34][37]。此外，虽然更大的企业规模确实对国际市场选择有积极影响，但企业规模和国际经验显示出相关关系，而国际经验的影响表现得更强。因此，企业规模对国际市场选择的影响在某种程度被归结到国际经验对国际市场选择的影响。该结论可以通过一些现象来解释。规模较大的企业拥有更多的资源来竞标范围更广的合同，可以参与国外竞标，并承担现金流量增加和收入不确定性或项目工期延长的财务风险。

有关地理距离、国家风险和竞争水平对国际市场选择的影响在发现部分得到验证。部分研究人员[30][36][43]发现，地理距离对市场准入是不利的。但本章发现这种效果可以是反向的，这可能是因为当前的通信、运输和物流技术已得到改善，可以显著消除传统的距离障碍[40][43]。与传统制造业不同，大型国际工程承包商也可能从事专业服务而不是实物商品贸易，因而工程承包受地理距离的影响较小。同样，尽管国家风险会影响国际市场选择，但在本章中发现其影响是反向的：中国国际工程承包商被高风险国家吸引。原因可能很简单，作为后来者的中国国际工程承包商可能只能在较不理想的市场中进行选择,因为其他市场已被其他国家的承包商占据。其原因也可能是技术水平较差的中国国际工程承包商只能在重视价格而不是工作质量的不发达市场中赢得合同。也许这些高风险国家实际上给中国政府带来的政治风险较小。与西方国家不同,中国政府承诺不干涉内政或以贸易为条件。高风险市场的吸引力也可能是"安哥拉效应"的结果,基础设施建设被用来换取中国所需的资源。最后,也许是因为许多中国国际工程承包商得到了中央政府资金的支持,从而被认为风险较小。

本章得出的一个十分有趣的结论,驳斥了中国国际工程承包商避开竞争激烈的市场的观点。尽管传统观点认为竞争性市场与较低的市场份额、较高的成本以及较低的收入和利润率相关,但这些因素也可能具有优势。竞争性市场可能具有竞争力,因为它们具有吸引力,所带来的机会胜过成本。而且,竞争性市场只是有条件的利润低。如果出口壁垒很低,流动性的承包商则无须将价格推低至可接受的收益率以下。大型承包商的另一个特点是,他们使用先进技术进行竞争,而本地承包商则不具备这些技术。在基础设施上进行大量投资并吸引大量大型承包商的国家,往往是下一代技术和先进管理流程的试验场。因此,竞争性市场可能提供了至关重要的环境,大型承包商在该环境中获取战略资产,同时提高能力和竞争优势。

2.8 本章小结

越来越多的工程承包商积极参与国际市场。承包商进入国际市场面临的最基本问题之一是在哪里开展业务。尽管国际市场选择是一个受到广泛研究的话题,但是工程企业如何做出市场选择却很少受到关注。本章旨在确定影响国际市场选择的因素,并为工程企业建立国际市场选择模型。通过逻辑回归分析,调查了87个国家和地区的39个大型承包商的市场准入选择。结果表明,国际工程承包商倾向于进入市场潜力大、文化距离短、国家风险高、竞争强度高的国家。此外,经验丰富的大型承包商更愿意在国际市场上竞争。与普遍接受的看法相反,地理距离并未显示出对中国国际工程承包商选择国际市场有重大影响。

3 国际工程市场进入模式识别与分类

3.1 引 言

国际工程市场的发展是经济全球化的重要体现。然而，要充分利用国际工程市场的机遇并不容易。与国内项目相比，在国际环境中工作通常需要对项目背景有更广泛的认识，因为国际项目的专业知识通常与业务的其他方面脱节，而且国际项目比国内项目呈现出更多类型的风险[44]。为了在国际工程领域中生存和发展，承包商不能做出错误的决策，要将有限的资源投入日益缩减的市场。进入新的国外市场的决策对公司的盈利能力和可持续增长至关重要。对于面向国内市场的承包商来说，了解外国竞争者的进入决策和行动以保护自己在国内建筑市场中的竞争地位也很重要。

国外市场进入模式有时也称为进入战略，是用于组织和进行国际商业交易的一种制度安排[45]。大多数国际市场进入问题都包含在战略管理和国际商业文献中。在一般的国际商业领域中，人们认为外国市场进入的 4 种最常见的模式是出口、授权、合资公司和独资公司[46]。由于建筑业主要是一个服务行业，所以一些来自制造业的进入模式并不适用，例如出口[21]。此外，由于建筑行业是以项目为基础的，它涉及一些独特的合同进入模式，例如建设—经营—转让（BOT）模式。当前，全面而系统的国际工程市场进入模式的层次结构还尚未建成。因此，必须定义一个专门针对国际建筑市场进入模式的全面性分类方法。

3.2 案例研究法

本章使用案例研究方法来识别和定义国际工程市场的基本进入模式。研究中每个案例的数据主要来自采访调查和文献分析，文献来源包括书籍、行业期刊、学术期刊、报纸和网站。这些案例集中反映出全球领先的国际工程承包商所做出的市场进入模式选择的相关行动和决策。

许多进入模式容易理解，并被业界和学术界广泛引用。但目前尚未将进入模式进行简化并组织成为一个总体框架，以适应建筑行业的特点。在本章研究中，为了建立特定于建筑行业的进入模式分类，首先考察了与一般国际业务有关的市场进入模式的现有定义和分类。在国际商业研究中，主要的进入模式有全资子公司/独资公司（新建立或收购）、股权合资公司（股权比例：大比例、等比例或小比例）、许可证/特许经营、研发合同、联盟/合同式的合资公司、出口（直接或间接）、合同管理、国际租赁、对等贸易、代表处和分公司等[34][46][47]。在一些研究中[38]，并购被归类为一种进入模式；但在其他研究中[47]，它被认为是一种形成进入模式的方法（与新建相反）。本章认同后者的观点。其次，对代表性案例的分析要与一般国际商业领域的进入模式相匹配，这可以证实工程行业中也存在其他行业使用的一些进入模式。与本章收集的任何案例都不匹配的进入模式则被排除在分类外。此外，对于案例中涉及的已有进入模式未提及的进入行为方式，则提出工程行业独有的新定义，例如 BOT/股权项目和本地代理的相关案例。对这些案例进一步相互比较，以界定在国际建筑行业背景下每一种进入模式的特性。

为了描述和分析每种进入模式及不同进入模式之间的关系，建立了应用于案例内容分析的图形工具方法，如图 3.1 所示。该方法包含了不同的进入参与者、9 种基本进入模式，用一个符号表示是否通过并购来成立公司，用另一个符号表示项目实施。括号中的数字表示以下三种情况出现的频次：①参与者出现的次数；②进入模式出现的次数；③项目实施的数量。通过统计特定进入模式类别下的所有案例，得出单个项目的实施情况。黑框中的数字表示通过并购形成的合资公司（JVs）或独资公司（SVs）的数量。因素间的箭头表示案例中关联因素的实际（实线）或潜在（虚线）共存关系。

通过广泛的档案分析，涵盖行业/学术期刊、书籍、会议记录、报纸、网页、技术报告、商业数据库以及从业人员访谈，总共收集了 94 个详细的案例。这些案例总结在表 3.1 中。每个案例都有一个代码，前两个字母是进入模式的首字母缩写（例如，SA 代表战略联盟），后两位数字表示案例编号。案例分为 9 类，分别对应于 9 种基本进入模式。下一节对这些案例研究中确定的 9 种基本进入模式中的每一种都进行了定义和介绍，最后还增加了另一种基本进入模式。

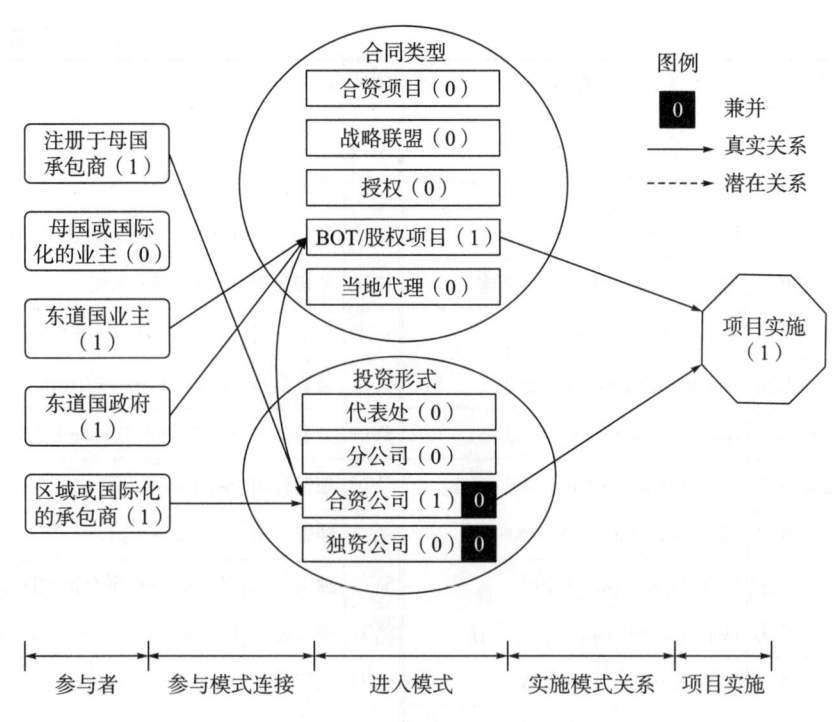

图 3.1 案例研究图形分析方法

表 3.1 市场进入模式案例

编号	进入模式	描述	编号	进入模式	描述
SA01	战略联盟	Groundwater＋Kruita→日本	JV06	合资公司	Skanska＋当地企业→捷克
SA02	战略联盟	Bachtel＋North West Water→全球	JV07	合资公司	Skanska＋当地企业→德国
SA03	战略联盟	Bechtel＋North West Water→全球	JV08	合资公司	Raytheon＋当地企业→中东
SA04	战略联盟	Fluor Daniel＋Hitchi→日本	JV09	合资公司	Bechtel＋CITIC→中国
SA05	战略联盟	Morrison Knudsen＋SPT→俄罗斯	JV10	合资公司	Taisei＋CSCEC→中国
SA06	战略联盟	Morrison Knudsen＋SPT→发达国家	JV11	合资公司	新加坡企业→俄罗斯
SA07	战略联盟	Bechtel＋Pipe Line System→全球	JV12	合资公司	新加坡企业→俄罗斯
SA08	战略联盟	Bechtel＋Pipe Line System→全球	JV13	合资公司	China Harbor→新加坡
SA09	战略联盟	BEJK＋Dupont→美国	JV14	合资公司	SMEC＋当地企业→中国
SA10	战略联盟	BEJK＋DuPont→美国以外	JV15	合资公司	PG＆E＋Bechtel→全球
SA11	战略联盟	Jacobs＋Wimpey→全球	JV16	合资公司	Turner＋Steiner→全球
SA12	战略联盟	Jacobs＋Wimpey→全球	JV17	合资公司	Turner＋Steiner→全球
SA13	战略联盟	Skanska＋Coca Cola→全球	JV18	合资公司	BE＆K＋Polar→拉脱维亚

❋ 国际工程中的选择问题：国别市场、进入模式和项目

续表3.1

编号	进入模式	描述	编号	进入模式	描述
SA14	战略联盟	Bovis Lend Lease＋BP→全球	JV19	合资公司	BE&K＋Polar→拉脱维亚
SA15	战略联盟	Bechtel＋Wireless Facilities→全球	SV01	独资公司	Bechtel→日本
SA16	战略联盟	Fluor Daniel＋AMEC→全球	SV02	独资公司	Rust→中国香港地区→中国
SA17	战略联盟	Fluor Daniel＋AMEC→全球	SV03	独资公司	Rust→澳大利亚
SA18	战略联盟	Bechtel＋Korea→韩国	SV04	独资公司	China Harbor→新加坡
SA19	战略联盟	Beacon＋Dioguardi→美国	SV05	独资公司	Black&Veatch＋Thames→全球
SA20	战略联盟	Beacon＋Dioguradi→欧洲	SV06	独资公司	Hochtief＋Turner→美国
SA21	战略联盟	Fluor Daniel＋Ohbayashi→日本	SV07	独资公司	Skanska→美国
SA22	战略联盟	Parsons＋Shimizu→日本	SV08	独资公司	CSCEC→美国
PP01	BOT/股权	Bovis Lend Lease→中国	SV09	独资公司	Shimizu→中国台湾地区
PP02	BOT/股权	Hopewell→中国	SV10	独资公司	Kumagai Gumi→中国台湾地区
PP03	BOT/股权	PG&E＋Bechtel→全球	SV11	独资公司	Sem Corp→马来西亚
PP04	BOT/股权	PG&E＋Bechtel→全球	RO01	代表处	Fluor Daniel→印度尼西亚
PP05	BOT/股权	Hopewell→印度	RO02	代表处	Bechtel→中国
PP06	BOT/股权	Rolls Royce→印度	RO03	代表处	Shimizu→中国台湾地区
PP07	BOT/股权	Obrascon→阿根廷	RO04	代表处	Fujita→秘鲁
PP08	BOT/股权	China Road&Bridge→罗马利亚	RO05	代表处	Sem Corp→中东
PP09	BOT/股权	Daewoo→老挝	RO06	代表处	CTCI→马来西亚
PP10	BOT/股权	BE&K＋Polor→拉脱维亚	RO07	代表处	Shimizu→美国
PP11	BOT/股权	BE&K＋Polar→拉脱维亚	RO08	代表处	CSCEC→韩国
PA01	合资项目	Fluor Daniel＋Duke→印度尼西亚	RO09	代表处	Obayashi→美国
PA02	合资项目	Ohbayashi＋Subsidiary→美国	BO01	分公司	Austin→日本
PA03	合资项目	Texas Engineers→泰国	BO02	分公司	Shimizu→新加坡
PA04	合资项目	Maeda＋当地企业→中国台湾地区	BO03	分公司	CSCEC→泰国
PA05	合资项目	Brown&Root→全球	BO04	分公司	Shimizu→中国台湾地区
PA06	合资项目	Brown&Root→墨西哥	BO05	分公司	Obrascon→阿根廷
PA07	合资项目	Raytheon→中东	BO06	分公司	Hochtief→巴西
PA08	合资项目	Bouygues＋Blount→中东	BO07	分公司	CSCEC→韩国

续表3.1

编号	进入模式	描述	编号	进入模式	描述
PA09	合资项目	Bouygues＋Blount→中东	BO08	分公司	Sem Corp→东欧
JV01	合资公司	Black＆Veatch＋Tarmac→全球	LS01	授权	Daewoo→中国台湾地区
JV02	合资公司	Black＆Veatch＋Tarmac→全球	LS02	授权	Kumagai Gumi→中国香港地区
JV03	合资公司	Dragados＋当地企业→中东	LS03	授权	Tsukishima Kikai→中国
JV04	合资公司	JGC＋M.W.Kellogg→中东	LA01	本地代理	BGP Inc.→印度尼西亚
JV05	合资公司	Dematteis＋当地企业→中国	LA02	本地代理	BGP Inc.→阿曼

注：英文部分均表示国际工程承包商公司名称，为表达准确，不作翻译。

3.3 国际工程市场进入基本模式

本节介绍并讨论每种基本进入模式的一般设置、形成过程、优缺点以及特定条件下可能存在的差异。

3.3.1 战略联盟

战略联盟（SA）是一个长期的没有附属机构的企业间协会，其以基于对每个参与者的相互信任和各自业务需求为基础，以实现成员的共同利益。成员包括客户（例如SA13）、政府（例如SA18）、供应商（例如SA01）、咨询单位（例如SA04）、金融机构和其他承包商（例如SA16）。根据合作伙伴在供应链中的位置，战略联盟既可以是横向的，也可以是纵向的，当合作伙伴处于同一种业务层级时（例如承包商和承包商之间，SA11和SA16）是横向的，当合作伙伴处于不同业务层级时（例如业主和承包商之间，SA09和SA13）是纵向的。外国企业可以与当地企业形成战略联盟（例如SA01、SA18和SA22），与另一个国家的企业形成战略联盟（例如SA7和SA11），或与自己国家的企业（例如SA13和SA16）形成战略联盟。

在战略联盟内，合作伙伴可以共享资源、技术、利润和工作，并在很长一段时间内相互弥补需求。与合资公司不同，战略联盟不包含注册子公司、附属机构或合伙企业，通常员工仍隶属原企业。相反，它针对的是长期合作或一揽子项目，这不同于针对特定项目的合资项目。通常，战略联盟可以帮助外国企业降低投资风险，共享技术，提高效率，增强全球流动性和提高全球竞争力[48]。与当地合作伙伴结成战略联盟有助于获得施工许可，并熟悉当地的施工法规和市场状况，例如，劳动力可用性和竞争对手的信息[49]。一家外国企业与另一家外国企业结成战略联盟的原因通常包括风险分担、资源共享、资产保护以及提高对市场变化快速反应的能力[48]。

尽管战略联盟不会产生直接实施项目的结果，但可以促进潜在项目的挖掘或触发其他进入模式的采纳，例如，合资项目、授权和BOT/股权项目。战略联盟通常与至少一种其他进入模式联合运用，如与合资项目（23个案例中有21例）、授权（23个案例中有2例）和合资公司（23个案例中有2例）联合以实现市场进入。战略联盟不仅可以用于进入特定的国家（23个案例中有12例），还可以用于进入其他专业市场（23个案例中有11例），有时也可以用于进入一组特定市场中的利基市场。一些承包商之间的战略联盟（横向联盟）涉及相互进入，这意味着在联盟安排下，每个合作伙伴都可以进入对方的传统市场。

3.3.2 BOT/股权项目

全球越来越多的国际工程公司被要求提供融资方案或参股于项目中[50]。BOT或股权项目为国际工程承包商提供了进行此类项目的工具。在BOT项目中，通常政府会向一个私营部门实体、投标财团或项目公司授予特许权；反过来，特许公司则要投入必要的资本，设计和建造基础设施，并在一定时期内运营该基础设施（通常为10~30年），以偿还债务并从运营收入中获得合理的回报。此后，特许公司会免费或以约定价格将基础设施的所有权转让给政府。BOT不是一套严格定义的规则或流程，其具有不同的特征和结构[51]。"BOT"或"政府和社会资本合作"（PPP）通常被视为许多变体的一般名称。粗略地说，私人主动融资（PFI）可以是英国版的BOT或PPP。不管使用哪种特定术语，BOT都强调公共机构与私人团体间互补技能和资源的结合，以实现双赢的结果。尽管其在获取工作方面变得越来越重要，但BOT项目涉及高昂的开发成本，有时还需要对其发展做出长期的投入。

股权项目不是一个明确定义的术语，但通常代表一种协议，要求承包商在项目投标中占有股权，无论项目是基于传统的私人融资结构，还是在BOT框架下的私有化公共项目。例如，承包商可以入股一个主要由石油公司拥有的项目，且不涉及地方政府授予的任何特许权。从这个意义上讲，股权项目比BOT的概念更广泛。

3.3.3 合资项目

以项目为基础的合资公司，有时也称为联合体、合同式合资公司或协议式联盟，在国际市场上很常见。它是一种根据合同将利润和其他责任分配给每个合伙人的载体，其分配并不一定根据每个合伙人在总投资中的投入比例。合伙人也可以选择成立有限责任实体或具有法人地位的合伙企业，类似于合资公司，但该实体仅存在于特定项目中。合资项目有两种类型：一体化合资项目和非一体化合资项目[52]。在一体化合资项目中，来自不同合伙人的员工被借调到合资公司，并创建一个单独的项目团队，合伙人对项目的盈亏承担连带责任。在非一体化合资项目中，合伙人负责规划和执行各自责任范围内的工作，并自负盈亏。

合资项目可以确保企业在国外市场上具有战略和组织上的灵活性，其他优势还包括通过利用海外合作伙伴的基础设施和责任限制来节省成本。是否采用合资项目方式有时是由当地法律或业主强制要求的。尽管一些阻碍在当地长期经营的市场壁垒已被消除，但 Brown 和 Rootkept 公司还是选择通过合资项目在墨西哥寻求和开展项目（PA06）。然而，很难找到合适的合作伙伴，因为其既要具有先进的技术，又要与进入者的商业目标相一致，还要在当地有政治影响力。文献[53]指出，与合资公司相比，经验丰富的业主因为责任问题、缺乏持久性、合伙人间的争斗，以及认为客户需要解决合资公司内部分歧以便其完成任务的原因，更趋向于规避采用合资项目的方式。国际工程承包商可以与本地公司（10 个案例中有 5 例）或来自同一地区的公司（例如在 PA01 中，Fluor 与两家日本公司建立合资项目以在印度尼西亚开展项目）建立合资项目，也可以与其他国际工程承包商（例如在 PA08 中，法国的 Bouygues 与美国的 Blount 建立合资项目以在中东开展项目）建立合资项目，或者将以上所有组合在一起（PA05）来实施项目。有时，国际工程承包商还可以与其同一市场的子公司组建合资项目。例如，在案例 PA02 中，Obayashi 与其美国子公司 Obayashi America 组建了一个合资项目，以实施 Kudos 隧道项目。

3.3.4 代表处

代表处是在东道国成立的非法人正式代表机构，以代表外国公司总部执行非商业活动。尽管从技术上讲，代表处不被认为是外国直接投资（FDI）的一种形式，但其是在东道国建立正式代表机构并熟悉目标市场的一种快速且相对简单的方法。代表处虽然通常被禁止从事直接盈利性的商业活动，但可以代表其总部进行业务沟通、产品推广、市场调研、合同管理和谈判。与其他进入模式相比，代表处最明显的优势是它的简单性和灵活性。与终止一个合资公司相比，关闭代表处也相对容易得多。外商投资子公司可能有最低资本金要求和当地参股规则，但这些规定通常不适用于代表处。然而代表处的监管和启动成本可能很高。

代表处的建立并不意味着承包商能立即实施项目。在案例 RO01 中，Fluor 于 1975 年在印度尼西亚开设了代表处，但直到 1987 年才获得一个重大项目。代表处不仅可以在项目基础上促进业务开展，还可以扩展为分公司或子公司。有时，国际工程承包商可能在同一市场同时设有代表处和分支机构或子公司。通过这种安排，代表处独立于当地分支机构或子公司，并帮助公司总部追踪目标市场中的潜在项目。

3.3.5 授权

授权是一种可能包括经营许可、特许经营权或技术转让的模式，该模式涉及不同国家的参与者之间关于授权方使用有限权利或资源而签订相关的合同或协议。例如，针对来自授权方的专利、商标、商号、技术和管理技能等而签订的合同。这将允许被授权方在东道国提供与授权方已在其母国提供的服务相类似的工程服务。

授权提供了一种从国外市场获利，而无须承担大量资金投入和巨大的国际工程风险的方法。但是，通过授权获得的收入可能会低于直接进入国外市场的其他模式。其质量控制是另一个主要缺点，因为质量差会导致授权方的商标和声誉受损[53]。此外，来自外国的被授权方也可能成为授权方的竞争者。

3.3.6 本地代理

本地代理是指东道国市场的进入者与本地代理商之间的一种合同协议，本地代理要为进入者提供特定的服务。国际贸易中有很大一部分是通过代理商来实施的，在国际工程中本地代理使用得也十分普遍。代理商可以提供有关当地市场情况的有价值的信息，例如社会、法律、经济、政治和金融信息；与当地业主、政府和供应商或分包商联系；在签证申请、许可申请、驾驶执照申请、进出口、税收、物流、资产以及设备租赁或采购、通信基础设施和招投标信息方面提供协助。

本地代理的使用并非总是可选择的，某些市场有强制性要求。中东的一些国家或地区要求公司必须具有本国代理才能开展业务[53]。例如，在沙特阿拉伯，外国工程企业在投标任何项目之前（不包括国防工程），都必须先确定其本地代理。在要求使用本地代理的规定下，政府可以在一定程度上控制外籍工程企业的资格。在建筑行业中使用本地代理通常比在制造业中困难，因为其服务是针对特定项目的，所以代理商需要外国企业提供大量支持。选择一个好的代理商是非常困难的，诚信十分重要。

3.3.7 合资公司

当两个或两个以上在法律上独立的企业组成一个共同拥有的实体，在其中投资并从事各种决策活动时，即宣告一家合资公司成立。当其中至少一方（或母公司）位于进行合资的国家之外时，则该合资公司被称为国际合资公司[54]。合资公司可以采用以下两种法律形式之一：公司或合伙企业。工程企业已经广泛地利用国际合资公司作为一种进入世界各地的新兴工程市场的工具[55]。要成立合资公司，每个合作伙伴都要提供资金、设施、设备、材料、知识产权、劳工或土地使用权。根据外商的股权比例，合资公司可以进一步分为大比例股权合资公司、等比例股权合资公司和小比例股权合资公司。但是，控制权并不总是与股权成比例。Schirmer[53]认为，法律协议中的合同阻止机制可以实现少数股权对合资公司的有效控制。

实现能力和资源上的互补是组建合资公司的基础。合资公司可以在以下三种情况下成立：①承包商之间成立（例如JV02）；②承包商和业主之间成立（例如JV11）；③中小型或大型公司之间成立。以此形成协同作用以开展海外项目。在案例JV10中，5家总部位于新加坡的公司在新加坡成立了一家合资公司，以从事在苏联和东欧的项目。并购是建立合资公司的一种非常普遍的方法。在案例JV03中，JGC购买了M. W. Kellogg公司45%的股份，以进入新兴市场，尤其是在中东的新兴市场。为了避免合作伙伴与新合资公司之间的潜在竞争，可以设置市场分割条约。例如，Steiner和Turner（JV16）组建了一家等额股权的合资公司从事国际项目，但是Steiner和Turner将各自保留一些超出新公司目标市场地理范围的国际市场。Turner继续从事在北美和日本的项目，而Steiner将继续从事在瑞士和德国的项目。

3.3.8 独资公司

独资公司可以为国际工程承包商提供更大的灵活性和控制力，以建立和保护它们自己的流程和程序，并根据需要迅速扩张，而且不会出现与目标不一致的合伙人合作的风险。尽管独资公司可以比合资公司更快地建立，但建立独资子公司仍然是一个漫长、复杂且成本高昂的过程。国际工程承包商可以使用新建（11个案例中有4例）或并购（11个案例中有7例）来建立一家独资公司。并购是在目标国家扩大投资并提供即时获得资源的最快方法。

许多跨国公司先通过其他模式进入市场，在东道国积累了一定的经验后才成立独资公司。然而，在国际工程市场中，外国公司在没有任何当地经验的情况下就在国外市场建立独资公司是很常见的。例如，中国港湾（SV04）于1985年就在新加坡注册了独资公司，但直到1992年才获得第一个重大项目。同样，在案例SV04中，中国港湾在新加坡完成多个大型项目并建立自己的品牌之后，对原来的独资公司进行重组，与当地业主建立了合资公司，其享有的股权比例为81%。

3.3.9 分公司

除了设立代表处外，分公司是外来新公司在目标国家建立或扩大经营的另一种相对简单的方式。在某些国家（例如中国），只有极少数从事特定行业（例如银行业）的外国投资者才可以申请注册分公司。分公司不同于代表处，它可以在东道国进行业务交易。分公司也不同于独资公司，它通常没有法人资格。因此，如果对其提出民事指控，则由其母公司承担责任。另外，还有一些税收问题也和独资公司不同。在某些情况下，拥有法人实体的独资公司的税收以利润的百分比为基础，而不是像分公司那样以总收入的百分比为基础[53]。为了避免母公司遭受无限的索赔损害，有意向设立分公司的外国公司会指定一家离岸子公司作为其母公司。要建立分公司，母公司通常需要向东道国政府注册。

各个企业的分公司的本地化程度是存在差异的。在案例BO08中，Sem Corp公司的莫斯科分公司是一个独立的机构，在总部的指导下进行本地化管理。必要时，莫斯科的分公司可以请求总部提供营销、技术咨询和专业知识等方面的支持。在案例BO04中，Shimizu公司的中国台湾分公司89名员工中有42名日本侨民。分公司的模式可以直接通过新建形成，也可以从其他模式转化而成。在案例BO04中，Shimizu公司于1986年在中国台湾建立代表处，并于1993年将其转化为分公司。分公司也可以间接地通过并购来实现。

3.3.10 独资项目

除以上9种进入模式外，还有另一种基本的市场进入模式，即在以上分析中未提到的独资项目，目前没有收集到此进入模式的任何案例。独资项目是最简单和直接的进入模式，它不涉及任何降低风险或技术转让方面的合同约定，也不会在当地市场以任何形式持续存在。实际上，在本章所回顾的国际商业文献中，没有将独资项目作为一种进入模式。本章提出将独资项目作为一种基本进入模式，通过与之比较，可以确定其他任何一种进入模式制度设置的特点。

3.4 进入模式评估

为了确认国际工程市场基本进入模式的存在并评价分类的全面性，笔者对国际建筑领域经验丰富的参与者进行了问卷调查，调研对象的具体情况见表3.2。

表3.2 调研对象的具体情况

调研对象	公司职位	ENR排名	国际经验（年）	是否进入决策
1	副总经理	前20名	8	是
2	副总经理	前20名	10	否
3	董事长	前100名	34	是
4	高级项目经理	前100名	15	是
5	国际项目部经理	前150名	12	是
6	高级项目经理	前150名	20	是

受访者被要求根据他们的观察以三个等级来衡量所列出的进入模式的频率（0=我从未见过这种模式；1=我见过，但它并不常用；2=我见过，并且它被普遍使用），并且让参与者添加任何他们能确认但没有被列出的模式。调查结果列于表3.3，参与者均未提出新的进入模式。

表3.3 进入模式评估

序号	进入模式	均值
1	与业主建立战略联盟	1.50
2	与供应商或分包商建立战略联盟	1.50
3	与当地承包商建立战略联盟	2.00
4	与国际工程承包商建立战略联盟	1.83
5	新建合资公司，小比例股权（<50%）	1.67
6	并购建立合资公司，小比例股权（<50%）	1.00
7	新建合资公司，等比例股权（50%）	1.83
8	并购建立合资公司，等比例股权（50%）	1.33
9	新建合资公司，大比例股权（>50%）	1.67
10	并购建立合资公司，大比例股权（>50%）	1.33
11	新建独资公司	1.83
12	并购建立独资公司	1.60
13	本地代理	1.33
14	授权	0.67
15	分公司	2.00
16	代表处	1.83
17	独资项目	2.00
18	合资项目	2.00
19	BOT/股权项目	2.00

从表3.3可以看出，除授权外，大多数进入模式是该行业中常用的。不过，授权的分值不为零（0.67）以及之前确认的案例都证实了该模式的存在。考虑到全球建筑市场是复杂且不断变化的，本书承认可能存在其他罕见的或者不在本书审查范围之内的进入模式，以及将来可能会出现新的进入模式。本分类中识别和定义的进入模式及其子类型显然涵盖了文献[56]提出的两种进入模式（即独资公

司与合资公司）和国际工程公司在中国采用的 13 种市场进入模式[57]，这进一步证实了本分类的全面性。

3.5　本章小结

本章通过案例分析，根据进入模式的结构、形成过程和主要特征识别出 10 种基本进入模式，并对各种模式进行明确的定义。这 10 种进入模式包括：①战略联盟；②BOT/股权项目；③合资项目；④代表处；⑤授权；⑥本地代理；⑦合资公司；⑧独资公司；⑨分公司；⑩独资项目。最后，对国际建筑领域经验丰富的参考者进行问卷调查，调研数据的分析结果进一步验证了 10 种进入模式的全面性。

4 国际工程市场进入模式选择理论模型构建

4.1 引言

目前，关于市场进入方面的理论大部分仅适用于制造业。鉴于工程行业的独特性，不允许直接应用制造业的相关概念和理论，因此，有必要对这些理论进行调整，并提出新的概念和理论框架以满足工程行业的特点。Ashley 和 Boner[58]指出，工程行业是以项目为基础的行业，其市场进入是一种临时性的活动。然而，部分进入者在国际市场以"永久性"的方式经营，并在人员、技术和营销等方面实现了本地化。具有永久性且本地化的外国子公司和合伙企业（以下称为"永久性进入"）成为进入国外市场的重要机构设置，但这并不意味着以项目进入的模式（以下称为"流动性进入"）正在消失。根据一项实证研究[5]，在当前的国际工程领域，采用两种通用市场进入模式混合使用的方式也比较流行。

永久性进入和流动性进入之间存在一些差异[5]。例如，采用永久性进入，进入者倾向于员工和营销本地化，并专注于本地项目。采用流动性进入，众多人员被派往海外，并主要针对大型国际项目。本章研究的重点在于进入模式功能方面的区别，而不是法律方面的区别。因此，如果一个进入者建立一个具有法人身份的临时组织来执行一个特定项目（或一组项目），但不寻求维持东道国市场的增长，则认为这是一种流动性进入模式。事实上，如今大多数重要的工程市场都要求外国承包商具有当地法人资格来执行工程业务。永久性进入和流动性进入都有其优点和缺点。一般而言，永久性进入要比流动性进入需要更多的资源，涉及更多的投资风险，并且灵活性较差[5]。这些战略效果上的差异构成在它们之间选择的依据。

本章主要确定潜在影响国际工程承包商选择永久性进入模式和流动性进入模式的内部和外部变量，并从理论上提出了它们是如何影响选择的。基于理论推理和先前的研究，针对这些因素提出了相应假设。

4.2 假设提出

进入模式选择是一个多元决策问题。通过对有关国外市场进入模式和国际工程承包商的商业惯例相关的文献进行全面回顾，识别出 13 个影响永久性进入模式和流动性进入模式选择的因素。这些因素包括母国市场吸引力、长期取向、不确定性规避、贸易联系、文化距离、殖民联系、语言相近性、东道国市场吸引力、投资风险、进入限制、竞争强度、企业规模、跨国际经验。

这些因素可以被划分为母国因素、母国—东道国因素、东道国因素或进入者因素，如图 4.1 所示。

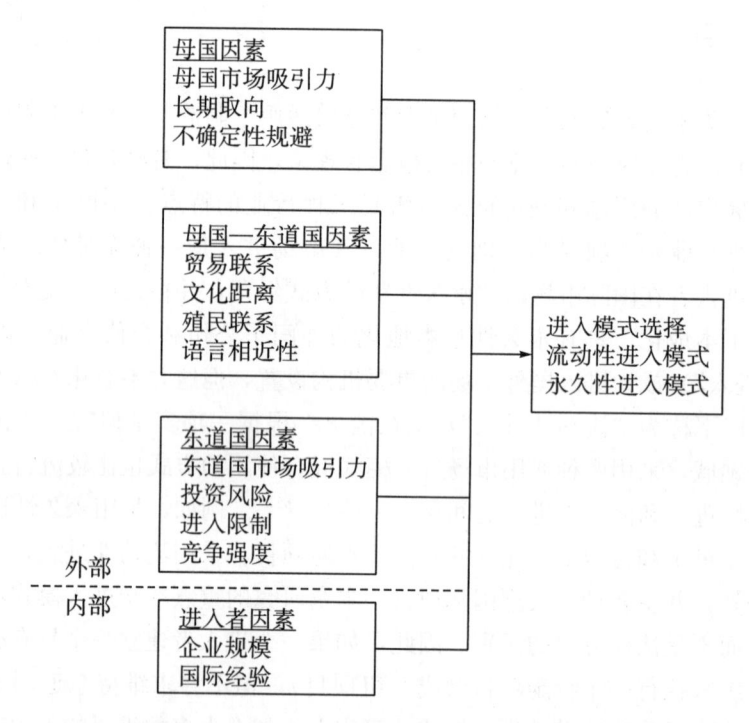

图 4.1 影响因素与进入模式选择之间的关系

4.2.1 母国因素

母国因素很少会受到企业管理决策的影响。它们是企业外部的因素，可作为进入模式选择决策的参数[21]。长期取向和不确定性规避是 Hofsted[60] 国家文化框架中的两个维度。它们不被视为与企业相关的因素，因为在国家层面上这些因素影响着人们对组织行为的认知方式[59]。

4.2.1.1 母国市场吸引力

母国市场影响着企业进入模式的选择[21][38],国际交易为承包商提供了扩展业务并缓解本地和区域市场波动的机会。对于许多大型工程公司而言,国际收入是对其国内业务有效而必要的补充。如果国内市场很大且需求稳定,那么许多公司将把重点放在国内市场上,而对任何形式的国际业务的兴趣都会减弱。相反,对于遭受国内市场萎缩或疲软影响的承包商,对其重要的是要有稳定的海外收入来抵消其国内业务的下滑。与机会性的项目投标相比,永久性进入模式更具有业务发展的可持续性,并且可以提供更好的获取海外收入的方法。在永久性进入之后,更多的资源可以从萎缩或动荡的国内市场转移以维持全球收入。因此,可以设置假设如下。

假设1:当其他变量保持不变的情况下,来自吸引力较弱的母国市场的进入者更有可能对国际市场采用永久性进入方式。

4.2.1.2 长期取向

Hofsted[60]提出了跨文化管理差异的五个维度:权力距离、不确定性规避、个人主义、男性主义和长期取向。Hofsted给出了长期取向的定义,其代表着培养期待未来回报的美德,尤其是毅力和节俭。相反,若是短期取向,则代表着培养与过去和现在有关的美德,特别是尊重传统、维护面子和履行社会义务。

本地化的永久性进入模式反映了进入者的长期取向。在这种情况下,工程企业会耐心地建立本地化组织,与本地客户、供应商和分包商建立持久的工作关系,旨在成为本地企业并从本地市场的长期发展中受益。相反,采用流动性进入模式,承包商以总部或邻近国家/地区的办公室为基地,旨在获取机会性项目。进入者可能对本地市场的可持续性缺乏信心,从而只关注短期机会。他们不会在国外市场投入大量资源,而是选择灵活的方式。一旦市场不稳定,或者其他地方出现了更好的商机,他们就可以轻易撤离。因此,可以设置假设如下。

假设2:在其他变量保持不变的情况下,来自具有长期取向国家的进入者更有可能在国际市场采用永久性进入方式。

4.2.1.3 不确定性规避

Hofstede[60]的研究表明,来自不同国家的经理在避免不确定性方面存在很大的差异。在不确定性规避较低的国家,结构和规则通常不太清晰,而在不确定性规避较高的国家,人们更喜欢结构化和清晰的规则。与流动性进入相比,永久性进入涉及更严格的等级制组织,这些组织有助于发展持久的本地关系。尽管永久性进入者可能承受更多的投资风险,但可以积累更多的本地市场知识并减少不确定性。因此,可以设置假设如下。

假设3:在其他变量保持不变的情况下,来自不确定性规避较高国家的进入者更有可能对国际市场采用永久性进入方式。

4.2.2 母国—东道国因素

一些国家和地区特定的因素可以确定首选哪种进入模式。这些因素可归类为母国—东道国因素，包括贸易联系、文化距离、殖民联系和语言相近性。

4.2.2.1 贸易联系

国家之间有较长的贸易历史可以使企业对母国和东道国之间有更多的了解。这将使进入者更容易参与东道国的投资。因此，这些公司将更有可能采用永久性进入模式。Pan 和 Tse[47]提出，两国之间的双边业务量越大，企业关于东道国市场的知识就积累得越多，他们对采用投资进入模式的信心就越大。贸易关系越强，进入者采用永久性进入模式的可能性就越大。因此，可以设置假设如下。

假设 4：在其他变量保持不变的情况下，进入者更倾向于采取永久性进入模式与其东道国建立密切的贸易联系。

4.2.2.2 文化距离

关于进入模式的选择，研究人员已经对文化差异进行了广泛的分析[61-63]。Kogut 和 Singh[38]认为，信息获取活动与母国和东道国之间的文化差异成正比。当管理层搬到文化上与母国相似的国家时，它可能已经知道许多在市场上运作的规则。但是，当进入一个陌生的异国文化市场时，可能难以施加主观判断来确定人们的行为方式并评估难以量化的投入和结果[61][64]。或者说，如果母国与东道国之间有很大的文化差异，则需要更多的资源投入（用于信息收集）。从长远来看，文化差异成为一个重要问题。企业的常设机构必须非常了解当地文化，才能与当地政党建立持久的合作关系，并在内部管理中较好地处理当地雇员与外籍人士之间的关系。因此，可以设置假设如下。

假设 5：在其他变量保持不变的情况下，进入者更有可能采用永久性进入模式，以进入与其所在国之间文化距离较小的市场。

4.2.2.3 殖民联系

殖民联系经常被经济学家用来衡量政治或法律制度的相似性。在国际工程中，殖民联系也反映了传统的跨境贸易。建筑业的国际化进程表明，在全球工程市场发展的初期，殖民地国家通常是国际市场，特别是对欧洲承包商而言。两国之间在政治和法律上具有亲密关系并建立长期贸易关系的这种联系具有区位优势，进入者可能具有更大的信心并愿意投入更多的资源。因此，可以设置假设如下。

假设 6：在其他变量保持不变的情况下，进入者更有可能对与其母国具有殖民联系的市场采用永久性进入模式。

4.2.2.4 语言相近性

语言是企业在国际市场上销售产品和服务的一个非常普遍的障碍[65]。在同一个项目现场，可能有多个来自不同国家的组织共同参与，交流起着重要的作用。对于了解当地语言的国际工程承包商而言，这是一个很大的区位优势，这为在新地区运营提供了有利的因素[66]。

在全球工程市场中，承包商在使用相同或相似语言的市场中开展业务非常普遍。例如，西班牙国际工程承包商在讲西班牙语的拉丁美洲开展业务，而中国国际工程承包商在以中文为通用语言的新加坡拥有重要的市场份额。讲当地语言的承包商不仅倾向于进入该市场，而且还会采用永久经营，因为他们在营销和项目运营方面都感到更加便利。使用永久性进入模式可以帮助他们更好地利用这一区位优势。因此，可以设置假设如下。

假设7：在其他变量保持不变的情况下，进入者更倾向于在语言接近的市场中采用永久性进入模式。

4.2.3 东道国因素

一些特定于东道国的因素会影响永久性进入和流动性进入选择的优先次序。这些因素被归类为东道国因素，包括东道国市场吸引力、投资风险、进入限制和竞争强度。

4.2.3.1 东道国市场吸引力

市场吸引力一直是海外投资的重要决定性因素。在那些市场大且高增长的国家，与非投资模式相比，投资模式有望给企业提供更加长久的利润[67]。东道国的市场增长会影响国际扩张期间的预期净收益和企业的发展。反过来，这些将会影响企业的资源投入、战略方向和进入模式选择的决策。在高增长的市场中，企业倾向于长期经营[46]。相反，当目标行业的销售增长下降时，跨国企业可能会倾向于资源投入少的进入模式[63]。Hill 等[68]发现在其他条件相同的情况下，当东道国市场处于萌芽状态或下降状态时，跨国公司可能会倾向于采用低资源投入的进入方式。因此，可以设置假设如下。

假设8：在其他变量保持不变的情况下，进入者更有可能采用永久性的进入模式进入有吸引力的东道国市场。

4.2.3.2 投资风险

东道国的投资风险反映了当前经济和政治状况以及整体政策的持续不确定性，这对于在该国的外国企业生存和盈利至关重要[21]。对于具有高投资风险的国家，企业最好不进入。但是如果选择进入，最好采用非投资性的相关选择[46]。当投资风险很高时，跨国企业最好通过限制其资源投入来限制其承担的风险[69][70]。外国企业采用流动性进入模式具有更好的能力来管理风险，因为其持续时间通常较短，更容易预测风险的类型和严重性。尽管大型跨国企业通常能够承担一定的风险，但事实表明，跨国企业在国际市场的股权投资比例与该国市场的不确定性成反比[64]。国际工程面临着多种风险，其风险大小与一般业务类似。因此，可以设置假设如下。

假设9：在其他变量保持不变的情况下，进入者更有可能在投资风险较小的市场中采用永久性进入模式。

4.2.3.3 进入限制

Gomes Casseres[71]指出，许多研究都忽略了东道国政府的所有权限制对跨国企业选择的影响。为了保护东道国的国内工程市场，所有权要求、许可制度和评级制度等壁垒在许多重要市场中非常普遍，以阻碍外国承包商在该市场永久性地经营。2004年ENR报告引用了Hochtief的评论："进入受到法律限制和当地市场条件阻碍的市场，对于新进入者而言，即使他们喜欢采用永久性进入模式，有时也必须采用移动进入模式。"因此，可以设置假设如下。

假设10：在其他变量保持不变的情况下，进入者在进入限制较高的市场时更可能采用流动性进入模式。

4.2.3.4 竞争强度

产业组织经济学认为，一个行业中企业数量的增加将会加大竞争，从而降低获利水平并减缓单个企业的平均销售增长率[72]。Harrigan[73]认为，在竞争激烈的情况下，任何降低战略灵活性的做法可能都是不明智的，企业需要做出快速应对。在这样的市场中，利润往往较低，企业不会投入大量资源设立永久性的机构。在不增加沉没成本的前提下，资源投入限制了跨国企业适应不断变化的市场环境的能力。因此，在东道国市场竞争激烈的情况下，理论上建议跨国企业采用资源投入少的流动性进入模式[68]。因此，可以设置假设如下。

假设11：在其他变量保持不变的情况下，进入者在竞争激烈的市场上更可能采用流动性进入模式。

4.2.4 进入者因素

承包商相关的部分因素对永久性进入模式和流动性进入模式的选择会产生重要的影响。这些因素归为进入者因素，包括企业规模和进入者的国际经验。

4.2.4.1 企业规模

资产实力对企业进入国际工程市场和参与国际竞争至关重要。需要资源来吸收高昂的营销成本，执行合同并实现规模经济，这是永久性进入模式的典型特征。实证分析得出，较大的企业更喜欢永久性进入模式，该模式涉及较高的资源投入[46]。与大多数其他服务行业不同，建筑行业是资本密集型的。在国际项目中，通常要求承包商垫资，有时要求参股或协助获得项目融资。这为工程企业进入全球市场设定了资产实力的门槛。永久性进入要比流动性进入需要更多的资产投标，因为需要保留长期雇员、购买设备，在某些国家和地区还要求高额的注册资本。因此，可设置假设如下。

假设12：在其他变量保持不变的情况下，规模较大的参与者更有可能在国际市场采用永久性进入模式。

4.2.4.2 国际经验

国际经验被公认为对进入模式的选择非常重要。在全球扩张过程中，体验式学习并不能减少母国与东道国之间的文化距离，但可以增强进入者在东道国市场上的经验[21]。体验式学习使企业具有更大的发现机会的能力，减少了海外经营带来的不确定性，并使进入者愿意投入更多的资源[74]。在知识和经验积累的过程中，企业可能会改变其风险态度或看法，并形成新的能力以适应风险和竞争环境[74]。没有国外市场经验的企业在管理国外业务方面可能会遇到很多问题。国际工程交易具有相当程度的地域性，并且具有极大的人员流动性。工程企业在全球范围内积累的经验可以帮助它们进入特定的市场[3]。因此，可以设置假设如下。

假设13：在其他变量保持不变的情况下，具有较多国际工程经验的进入者更有可能采用永久性进入模式。

4.3 互动效应

从进入者的角度来看，除了进入限制会对进入者的初步选择施加约束，上述大多数因素为选择最佳进入方式提供了理论依据。由于进入限制的存在，根据其他因素确定的初步选择结果可能会发生变化。例如，在其他因素保持不变的情况下，在有吸引力的市场中，进入者可能更喜欢永久性进入模式而不是流动性进入模式（假设1）。但是，这种优先选择程度可能会根据进入限制的不同而有所不同。在本地市场，当永久性进入模式会涉及许多制度约束，而流动性进入模式却很少涉及时，进入者可能会选择流动性进入模式。

结合进入限制和其他因素影响对永久性进入和流动性进入选择的不同影响，笔者提出了两步决策过程[71]：①进入者首先根据除进入限制外的因素确定永久性进入和流动性进入的优先排序；②考虑可行的进入模式，根据进入限制对两种进入模式进行重新排序。因此，需要检查进入限制与任何其他因素之间的相互作用。

4.4 影响因素综合

表 4.1 总结了进入模式选择的影响因素及其相关假设。这些假设可以运用所有权位置内部化范式、制度/文化理论和议价能力等理论来解释。正如我们已经将进入模式选择概念化为两步决策过程一样，承包商首先根据优化的预测因素（不包括进入限制的预测变量）确定其进入模式的优先级，然后根据约束性预测因素（进入限制）筛选出不可行的进入模式。该表中的相互作用效应用于组合不同阶段的预测变量的影响。表格中还列出了每个假设的方向，其中"+"表示预测变量越大，进入者选择该进入模式的可能性就越大；"－"表示预测变量越大，进入者选择该进入模式的可能性就越小。

表 4.1 关系假设

预测因素	进入模式	
主效应	永久性进入	流动性进入
母国市场吸引力	－	＋
长期取向	＋	－
不确定性规避	＋	－
文化距离	－	＋
贸易联系	＋	－
殖民联系	＋	－
语言相近性	＋	－
东道国市场吸引力	＋	－
投资风险	－	＋
进入限制	－	＋
竞争强度	－	＋
企业规模	＋	－
国际经验	＋	－

4.5 本章小结

本章首先回顾了国际市场进入模式选择的相关理论，并系统地分析了各个理论之间的联系，然后确定了影响进入模式选择（永久性进入和流动性进入）的

13个因素。基于适用的理论和先前研究的成果，提出了国际工程市场进入模式选择与13个因素之间的假设关系。

基于概念性的两阶段决策过程，提出了进入限制与其他预测变量之间的交互效应。下一章将检验这些假设，并根据实证数据建立进入模式选择模型。

5 国际工程市场进入模式选择理论模型验证

5.1 引言

对承包商而言，在国际工程市场生存和成功并非易事。承包商不能将有效的资源分配到正在萎缩的市场而错失具有吸引力的市场，或者在选定的市场采用错误的进入模式。确定进入哪个市场以及如何进入选定的市场的决定对于企业的盈利和可持续增长至关重要。对于以国内市场为导向的承包商而言，了解与外国竞争者的市场进入模式有关的决策和行为也很重要，在全球竞争环境下这将有利于保护其在本国工程市场中的竞争地位。

当前，"工程企业如何进入单个国外市场""这种进入行为如何因为工程承包商的类型差异以及不同工程行业的状况差异而不同"以及国际工程领域其他与市场进入模式相关的问题仍未得到很好的解答。本章通过从多个来源收集数据，针对流动性进入模式和永久性进入模式选择问题，运用二元逻辑回归模型进行分析，并根据分析结果验证上一章设置的13个假设关系，进一步分析进入限制与影响因素的互动效应。

5.2 数据收集

本章使用的数据类型包括特定国家和市场的数据以及特定企业的数据。

5.2.1 特定国家和市场的数据

ENR每年会报告大约150个国家和地区中领先的国际工程承包商的地理位置。为了集中研究，本章选择42个国家和地区的市场检查外国承包商的进入情况。表5.1汇总了这些国家和地区的区域分布以及其建筑行业支出占每个区域支出总额的百分比。这些抽样国家构成了每个地区（非洲除外）以及整个全球建筑行业市场的大部分。

表 5.1 抽样市场的区域分布

地区	样本市场数	样本市场建筑行业支出（百万元）	区域建筑行业支出（百万元）	占比（%）
北美洲	2	736888	736888	100
拉丁美洲	6	112539	129069	87
欧洲	11	778785	1032755	75
中东地区	7	62373	78241	80
亚太地区	12	1072239	1120586	96
非洲	4	27849	158160	18
全部	42	2790673	3255673	86

5.2.2 特定企业的数据

根据国际工程的营业额，全球工程市场几乎由少数大型承包商和许多中型承包商主导。大多数活跃的国际工程承包商均列席于每年的 ENR 250（225）顶级承包商排名中。由此可见，ENR 提供了大中型国际工程承包商相对全面的样本。本章使用 ENR 在 1992—2001 年期间的排名，有 522 个国际工程承包商在此期间的排名中至少有一年出现过。但是，并非所有这些承包商都报告了其进入模式的详细信息。在这 522 家承包商中，只有 122 家报告了详情。如表 5.2 所示，它们大多数位于北美洲、欧洲和亚洲。

表 5.2 承包商所属地区分布

原始地区	承包商数量
北美洲	28
拉丁美洲	1
加勒比地区	0
欧洲	27
中东地区	5
亚太地区	59
北非地区	1
中非/南非地区	1
全部	122

5.3 分析方法

本章需要检验两个带有相关假设的模型：①描述性应变模型，将内部环境因素和外部环境因素与国际工程承包商进入模式（永久性进入与流动性进入）相关联；②进入模式选择与市场进入绩效相关联的规范模型。

针对因变量为二元变量的第一个模型，采用二元逻辑回归方法对其进行检验。t 检验用于验证进入模式选择模型和进入绩效之间是否存在显著相关性。采用一个变量匹配度（Fit）来描述承包商是否选择了模型建议的进入模式。如果选择的模式与模型建议的模式相同，则 $Fit=1$；否则，$Fit=0$。t 检验用于检验选用预测模型所确定进入模式的企业的平均绩效是否优于未选择确定模型的企业。变量之间的关系及采用的分析方法如图 5.1 所示。

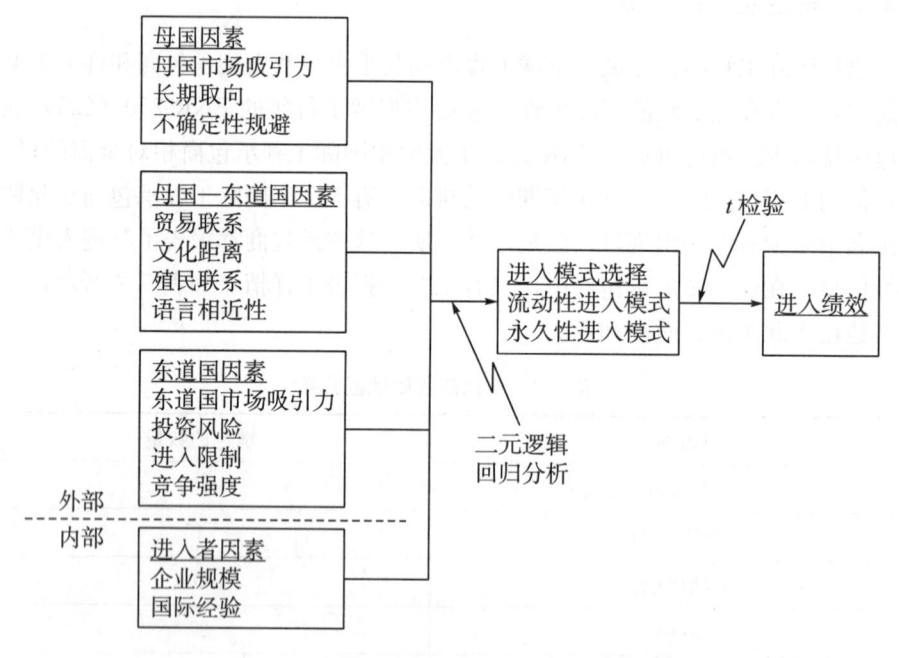

图 5.1 变量之间的关系与采用的分析方法

5.4 变量度量

5.4.1 因变量度量

在进入模式选择模型中，因变量是进入者采用的进入模式。因变量是二元分类变量，具有两个类别：流动性进入和永久性进入。关于122个国际工程承包商进入42个选定市场的进入模式的信息主要有两个数据源：①ENR报告每个国际工程承包商的收入来自哪个国家或地区。这不能说明每个市场使用了哪种进入模式。例如，ENR报道说，柏克德（Bechtel）在2000年从中国获得收入，但是该业务可以基于永久性进入模式或流动性进入模式。②其他资源，例如每个承包商的网站、数据库，上市公司的年度报告以及其他信息来源。这些信息表明了国际工程承包商对于特定市场是否采用永久性进入模式。通过比较数据源①和数据源②，可以判断国际工程承包商针对特定市场采用了永久性进入还是流动性进入。

如果数据源①表明进入者A在任何一年都从市场B中获得收入，而数据源②表明进入者A在市场B中没有采用任何永久性进入模式，则可以得出结论，即进入者A对于市场B采用了流动性进入模式。

如果数据源②表明进入者A对于市场B为永久性进入模式，那么无论数据源①是否表明进入者A从市场B获得收入，都可以得出结论，即A在进入市场B时采用了永久性进入模式。如果两个数据源均未表明进入者A在市场B中存在，则可以得出结论，即进入者A尚未进入市场B。

这种衡量方法不一定完美，因为它涉及观察进入者正在考虑转换其市场进入模式，或者鉴于当前的内部和外部环境的情况正在进行转换。决策和行为之间的不一致会导致错误的分析。但是，由于样本量大、数据源的及时性以及策略的稳定性，这些类型的观察次数被认为是很少的。

进入绩效需要采用t检验进行验证。进入绩效是一个非常宽泛的概念，其受进入模式选择以外的多个因素影响。本章以各个公司1992—2001年的平均国际收入作为衡量指标。采用该指标的前提是承包商在很长一段时间内一直为其国际市场采用正确的进入模式，则其国际收入将逐渐增长。采用这种衡量方法并不理想，但考虑到数据的可用性需要将其选为最合适的指标，这是本研究的局限之一。

5.4.2 自变量度量

5.4.2.1 母国市场吸引力和东道国吸引力

市场吸引力是由两个变量衡量的：一是市场规模，二是市场增长。ENR（1998，2000）报告了1996—2000年约150个国家和地区的工程建设支出。如果ENR没有对应的数据，则根据每个国家的研究和统计数据来估算。各国汇率波动的影响根据1996（ENR，1998）或者1998年（ENR，2000）的水平进行调整。这为将所有年度的汇率波动调整到同一年的水平提供了基础。对于此项分析，使用2000年ENR报告的数据，调整到1996年的水平。对于每个市场，将这5年建设支出的平均值用作市场规模的度量，并将5年的平均年增长率（以百分比表示)用作指标来衡量市场增长。

5.4.2.2 长期取向、不确定性规避和文化距离

Hofstede[60]在 1980—2001 年间进行了关于工作地价值观如何受文化影响的最全面的研究。他不仅在其民族文化范式中提出了权力距离、不确定性规避、个人主义、男性主义和长期取向 5 个维度的概念，而且进行了广泛的调研，采用 5 个维度对不同的国家进行度量。Hofstede 的近期重复性研究发现，这些国家的分值没有显著变化[59]。

本章采用文化距离衡量两个国家之间与文化有关的差异。对于给定的国家或地区，文化距离的计算方法是 Hofstede 5 个维度偏差的算术平均值，并校正了这 5 个维度中每个维度的总体差异[38][74]。计算公式如下：

$$CD_{jk} = \sum_{i=1}^{5} [(I_{ij} - I_{ik})^2 / V_i] / 5 \quad (5-1)$$

式中，I_{ij} 是第 j 个国家的第 i 个文化维度的指数值，V_i 是第 i 个维度的指数方差，CD_{jk} 是第 j 个国家与第 k 个国家的文化距离。

5.4.2.3 贸易联系

贸易联系是通过一个二元变量来衡量的。如果两个国家都是双边或多边贸易协定或组织的成员，那么此二元变量的值为 1，否则为 0。影响国际工程承包商进入模式选择决定的贸易协定包括以下国家的协定：欧洲联盟、北美自由贸易协定、海湾合作委员会、东南亚国家联盟、南部非洲发展共同体、《日本－美国 1988 年贸易法》、欧盟－美国年度峰会。世界贸易组织（WTO）不在此列，因为本章研究所涉及的国家都是 WTO 成员。

5.4.2.4 殖民联系和语言相近性

殖民联系是指两国之间的关系，不受两国发展水平的影响，一个国家在很长一段时间内一直统治着另一个国家，并对后者当前机构的形成产生了一定的影响。该指标是用一个二元变量测量的。如果两个国家具有殖民联系，则该指标的值为 1，否则为 0。语言相近性是指两国之间拥有一种或多种共同语言的关系。语言相近性是通过二元变量测量的。如果两个国家或地区至少使用一种共同的官方语言，则该指标为 1，否则为 0。总部位于法国的国际经济研究机构——国际研究前景与信息中心（CEPII）已建立一套可用的数据库，可为实证经济研究提供有用的数据，包括殖民地联系和语言相近性。CEPII 当前版本的数据库包含 225 个国家和地区，其中包括所要调查的 42 个市场。

5.4.2.5 投资风险

投资风险是由多个宏观风险组成的广泛风险。《机构投资者杂志》做出的

1992—2001年的年度信用风险评级用于衡量投资风险。得分依据是 75～100 家国际领先的银行提供的评级。此风险等级评分的范围是 0～100，其中 0 代表信用度最低的国家，100 代表信用度最高的国家。尽管机构投资者信用评级是基于银行家的意见，但先前的研究已经证实，该风险评级是对投资风险比较适当的综合性衡量[75]。对于每个市场，将 1992—2001 年的国家风险平均值作为衡量国家平均投资风险的指标。

5.4.2.6 进入限制

东道国政府可以制定两种主要的壁垒影响国际工程承包商进入模式的选择：进入模式的法律壁垒（尤其是与所有权要求有关的壁垒）和其他壁垒。表 5.3 所示量表用于衡量所选 42 个国家和地区的法律壁垒的强度。有关这些壁垒的信息来自每个国家作为 WTO 成员国在建筑和相关行业的特定承诺，以及有关外国投资的主要法律法规。

表 5.3 衡量法律壁垒的强度

等级	条件
4	SV 是不允许的，JV 也是不允许的
3	SV 是不允许的，但是由国外控制的 JV 是允许的
2	一些其他的进入模式（除 VS 和 JV 外）是不允许的（例如 BO）
1	所有进入模式都是有条件允许的（例如，项目类型或客户类型的可访问性）
0	所有进入模式都是无条件允许的

注：SV＝独资，JV＝合资，BO＝建造－运营。

在许多国家的建筑行业中，有时其他壁垒可能比法律壁垒的影响更大，包括许可证或审批制度、承包商评级或资格审查制度、强制性或机构性项目份额以及规模控制、严格的注册资本金要求、转移利润或税收条件、资源的非流动性（如专业许可制度、劳动力/材料/设备进出口限制）。

可以假定上述每种壁垒在限制外国承包商进入方面具有相同程度的影响。该指标影响得分是特定国家和地区发生以上限制性事件的总数，因此范围是 0（无其他障碍）～6（其他重大障碍）。有关每个国家和地区与这些障碍相关的信息来自对每个国家和地区工程建设系统的调查。总限制的分值是根据两类影响源分值偏差的算术平均值计算得出的，用于校正这两个维度中每个维度的总体方差。计算公式如下：

$$RHG_i = \left(\frac{I_{1i}^2}{V_1} + \frac{I_{2i}^2}{V_2}\right)/2 \tag{5-2}$$

式中，RHG_i 代表国家 i 的进入限制值，I_{1i}^2 是国家 i 的法律要求分数，I_{2i}^2 是第 i

个国家的其他壁垒的分值，V_1是所有42个国家和地区的法律要求评分的方差，V_2是所有42个国家和地区的其他壁垒得分的方差。

5.4.2.7 竞争强度

竞争强度与在市场上争夺项目的竞争者数量有关。在许多市场中，向国际工程承包商开放的细分建筑市场是有限的，顶级承包商之间的竞争更加激烈。在1992—2001年间，至少有一年被列入ENR顶级国际工程承包商的工程企业有522家。ENR还报告了这些承包商业务的地理分布。因此，可以使用特定年份特定市场中这些承包商的数量来衡量市场竞争强度，此度量方法在市场选择模型中也被采用。竞争强度指标的计算公式如下：

$$CI_j = \left(\sum_{k=1992}^{2001}\sum_{i=1}^{N} E_{ijk}\right)/10 \qquad (5-3)$$

式中，CI_j代表市场j的竞争水平；E_{ijk}是一个二元变量，当承包商i在k年从市场j获得收入时为1，当承包商i在k年从市场j未获得收入时为0；N是1992—2001年从市场j获得收入的国际建筑企业的数量（522家）。

5.4.2.8 企业规模

企业规模可以通过多种方式来衡量，例如雇员人数和资产数量。全球收入（包括国际收入和国内收入）在这项研究中用于衡量规模。假设从长远看，只有大型企业才能取得大量收入。但短期内，在建筑业该假设可能不成立，因为一些中型承包商在执行大型项目时会取得大量收入。ENR报告了领先的建筑公司每年的全球收入。1992—2001年，抽样的122家国际工程公司中每家全球收入的平均值都用作衡量企业规模的指标。平均值可以过滤掉承包商全球收入的起伏，反映企业的实际规模。

5.4.2.9 国际经验

设定以下两点假设：①承包商进入的国际市场越多，其拥有的国际经验就越多；②承包商在国际市场停留的时间越长，其获得的国际经验就越多。国际经验指数采用与市场选择模型相同的方法，具体计算公式如下：

$$ME_i = 1/\left(\sum_{k=1992}^{2001}\sum_{j=1}^{M} E_{ijk}\right) \qquad (5-4)$$

式中，ME_i是市场i的国际经验；E_{ijk}是二元变量，当承包商i在第k年从市场j获得收入时为1，而承包商i在第k年没有从市场j获得收入时为0；M为ENR的调查所涵盖的市场数量（165个）。

5.4.2.10 匹配度（Fit）

匹配度是一个自变量，用于检验进入模式选择与进入绩效之间的假设关系。

该变量为二元变量。如果由二元逻辑回归分析得出企业采用正确的进入模式进入特定的市场，则匹配度的值为 1；如果得出采用不正确的进入模式，则匹配度的值为 0。

5.4.3 控制变量——母国经济水平

本章采用世界银行对经济体（国家）的分类方案来衡量经济增长。该方案已广泛应用于商业和经济学研究。经济体是根据 2003 年人均国民总收入（GNI）划分的，其中人均国民总收入使用世界银行地图集方法进行计算。经济体分为 4 个组别：①低收入经济体，765 美元及以下；②中低收入经济体，766~3035 美元；③中高收入经济体，3036~9385 美元；④高收入经济体，9386 美元以上。世界银行的分类涉及所有 184 个成员国，其中包括被选择进行本研究的 42 个国家和地区。由于本研究中抽样的国际工程承包商都不属于低收入经济体，因此母国经济水平实际上是 3 个类别的变量。

5.5 数据分析

5.5.1 相关性分析

在进行逻辑回归分析之前，本章首先评估多重共线性的可能。多重共线性的存在会夸大参数估计的方差，这可能导致各个自变量的统计显著性检验失去意义。在最坏的情况下，多重共线性还可能导致回归系数估计的正负和大小不正确，从而得到有关自变量和因变量之间关系的错误结论。表 5.4 反映了自变量之间的相互关系。在本章中假定二元变量满足间隔属性，包括贸易联盟（0 或 1）、殖民地联系（0 或 1）、语言相近性（0 或 1）和本国经济水平（0，1 或 2）。由于样本量大，相当多的相关性在统计上是显著的。但是，只有 4 个相关系数大于 0.5，并且都不大于 0.8。方差膨胀因子（VIF）的计算（所有 VIF 均小于 5）进一步证实了多重共线性并不是很严重。

表 5.4 自变量之间的相互关系

	V_1	V_2	V_3	V_4	V_5	V_6	V_7	V_8	V_9	V_{10}	V_{11}	V_{12}	V_{13}	V_{14}	V_{15}	V_{16}	V_{17}
V_1	1																
V_2	0.058**	1															
V_3	−0.032	−0.318**	1														
V_4	0.039	−0.172**	0.220**	1													
V_5	0.063**	−0.156**	0.022**	0.282**	1												
V_6	0.002	−0.089**	0.360**	0.061**	−0.068**	1											
V_7	0.042	−0.065**	−0.076**	−0.002	0.011	−0.116**	1										
V_8	0.013	−0.140**	0.514**	0.172**	0.041	0.518**	−0.268**	1									
V_9	−0.074**	0.096**	0.002	0.015	−0.058**	0.325**	−0.229**	0.137**	1								
V_{10}	0.155**	0.216**	−0.053*	−0.047**	0.066**	0.074**	0.098**	0.174**	0.071**	1							
V_{11}	−0.126**	0.122**	0.066**	−0.002	−0.120**	0.005	−0.019	0.052*	0.026	−0.004	1						
V_{12}	−0.037	0.001	0.089**	0.101**	0.288**	−0.069**	0.034	−0.064**	−0.027	−0.075**	−0.083**	1					
V_{13}	0.130**	−0.023	−0.141**	−0.102**	−0.207**	0.069**	−0.01	0.038	0.02	0.079**	0.017	−0.718**	1				
V_{14}	0.045*	0.483**	−0.244**	−0.115**	−0.075**	−0.073**	−0.073**	0.03	0.101**	0.153**	0.160**	−0.118**	0.126**	1			
V_{15}	0.120**	0.076**	−0.027	−0.012	−0.135**	0.022	−0.045*	0.065**	0.018	−0.029	0.298**	−0.343**	0.231**	0.108**	1		
V_{16}	0.090**	0.006	−0.061**	−0.034	0.046*	0.042	−0.021	−0.001	0.047*	0.134**	−0.150**	−0.044	0.111**	0.153**	−0.231**	1	
V_{17}	−0.019	−0.253**	0.153**	0.092**	−0.080**	0.005	0.01	0.048*	−0.028	−0.026	0.317**	−0.478	0.268**	−0.485**	0.209**	−0.034	1
均值	1.5661	2.7513	0.1526	0.0591	0.1151	81757	0.0423	57.542	4.1837	46.996	375767	0.024	64.237	46.625	3456.3	0.0188	3.7693
标准差	0.4957	1.7984	0.3631	0.2358	0.3192	159832	0.0534	21.516	3.2237	17.292	278319	0.0453	22.957	35.543	3751.3	0.0313	0.6292

注:1. V_1—进入模式; V_2—文化距离; V_3—贸易联系; V_4—殖民联系; V_5—语言相近性; V_6—东道国市场规模; V_7—东道国市场增长; V_8—投资风险; V_9—进入限制; V_{10}—竞争强度; V_{11}—母国市场规模; V_{12}—母国市场增长; V_{13}—不确定性规避; V_{14}—长期取向; V_{15}—企业规模; V_{16}—国际经验; V_{17}—母国经济水平。

2. ** 显著性水平为 0.01, * 显著性水平为 0.05。

5.5.2 逻辑回归

当因变量为二元变量且自变量为任何类型时，可以使用二元逻辑回归。逻辑回归可用于根据自变量预测因变量，确定自变量解释的因变量的方差百分比，对自变量的相对重要性进行排序，从而评估相互作用的影响。与普通的最小二乘回归类似，其不需要完美的多重共线性，但需要大样本。本章使用 SPSS 18.0 对数据进行二元逻辑回归分析，具体结果详见表 5.5。由于 P 值均小于 0.001，所以两个模型均显著。在拟合优度检验中，模型 1 和模型 2 的 Hosmer 和 Lemeshow 统计值分别为 0.172 和 0.376（均大于 0.05），表示没有足够的证据说明这两个模型不能充分拟合数据。模型 2 要略优于模型 1，主要体现在正确分类率、Cox 和 Snell R^2、Nagelkerke R^2 均有所改善。这体现了在模型中合并相互作用项的效果。

表 5.5 进入模式选择的决定性因素：二元逻辑检验

变量		模型 1			模型 2	
		B	SE	VIF	B	SE
截距		-1.155^c	0.431		-1.177^c	0.431
母国具体因素	国内市场规模	-1.550×10^{-6c}	2.230×10^{-7}	1.620	-1.490×10^{-6c}	2.272×10^{-7}
	国内市场增长	10.729^c	2.026	3.306	10.982^c	2.073
	不确定性规避	0.021^c	0.003	2.187	0.022^c	0.003
	长期取向	0.03	0.002	2.652	0.004	0.002
东道国—母国因素	文化距离	0.100^c	0.034	1.566	0.084^c	0.038
	贸易联系	-0.151	0.174	1.712	-0.047	0.187
	殖民联系	-0.471^b	0.228	1.185	-0.366	0.232
	语言相近性	-0.375^b	0.169	1.226	-0.499^b	0.179
母国具体因素	东道国市场规模	3.956×10^{-7}	4.05×10^{-7}	1.601	5.357×10^{-7}	4.93×10^{-7}
	东道国市场增长	0.665	0.985	1.196	0.104	1.078
	投资风险	-0.002	0.003	1.960	0.003	0.004
	进入限制	-0.068^c	0.017	1.210	-0.006	0.118
	竞争强度	0.017^c	0.003	1.210	0.016^c	0.004
企业具体因素	规模	0.000^c	1.587×10^{-5}	1.325	$1.320\times10^{-4\,c}$	1.623×10^{-5}
	经验	5.710^c	1.964	1.190	6.666^c	2.165
	控制变量					

续表5.5

变量			模型1			模型2	
			B	SE	VIF	B	SE
母国经济水平		中上收入经济体	−0.674[b]	0.28	1.215	−0.650[b]	0.285
		高收入经济体	0.849	0.573	3.375	0.914	0.58
交互作用效应	进入限制	国内市场规模				-4.610×10^{-8}	7.80×10^{-8}
		国内市场增长				1.366[b]	0.637
		长期取向				−0.001	0.001
		不确定性规避				0.002[a]	0.001
		企业规模				-1.990×10^{-6}	5.66×10^{-6}
		国际经验				−0.511	0.688
		贸易联系				0.026	0.065
		文化距离				0.037[c]	0.011
		殖民联系				−0.127[a]	0.075
		语言相近性				0.070	0.083
		东道国市场规模				-2.360×10^{-7a}	1.24×10^{-7}
		东道国市场增长				0.292	0.459
		投资风险				0.004[c]	0.002
		竞争强度				0.002	0.001
−2对数似然函数			2489.7			2451.8	
P值			2.101×10^{-42}			1.762×10^{-42}	
Cox和Snell R值			0.115			0.132	
系数R值			0.155			0.177	
Hosmer和Lemeshow测试值			0.376			0.172	
正确区别率			64.76%			65.02%	

注：a—$P<0.05$，b—$P<0.01$，c—$P<0.001$。

然而，由于涉及相互作用项，模型2不能用于解释自变量的主要影响，自变量和因变量之间的关系还取决于条件自变量的值。根据模型1讨论前文提出的假设，明确各个主要因素的影响程度，再根据模型2分析有关交互作用和预测值。假设的检验结果如表5.6所示。

表 5.6 检验结果

假设	自变量		系数	显著性	支持假设
1	母国具体因素	母国市场吸引力（规模）	正值	显著	支持
1		母国市场吸引力（增长）	负值	显著	部分支持b
2		长期取向	正直	不显著	部分支持a
3		不确定性规避	正值	显著	支持
4	母国—东道国因素	贸易联系	负值	不显著	不支持
5		文化距离	负值	显著	部分支持b
6		殖民联系	负值	显著	部分支持b
7		语言相近性	负值	显著	部分支持b
8	东道国具体因素	东道国市场吸引力（规模）	正值	不显著	部分支持a
8		东道国市场吸引力（增长）	正值	不显著	部分支持a
9		投资风险	负值	不显著	不支持
10		进入限制	正值	显著	支持
11		竞争强度	负值	显著	部分支持b
12	企业具体因素	企业规模	正值	显著	支持
13		跨国企业规模	正值	显著	支持

注：部分支持a，表示不显著，但系数正负与假设相同；部分支持b，表示显著，但系数正负与假设相反。

5.5.2.1 主效应分析

为了检验第 4 章中提出的 13 个假设，确定了 15 个预测变量。因为 H_1 和 H_8 两个假设分别涉及两个自变量，所以对于每个假设，回归结果可以支持该假设，也可以不支持该假设。表 5.6 汇总了主要效应的测试结果。可以看出，在 15 个假设关系中，完全支持的有 5 个，部分支持的有 8 个，不支持的有 2 个。同样，在这 15 个预测变量中，有 10 个变量对影响永久性进入和流动性进入的选择具有重要意义。

母国市场规模的 β 值为负值且十分显著，表明当母国工程市场规模很大时，承包商倾向于使用流动性进入模式进入国际市场，从而支持假设 H_1。母国工程市场增长率 β 值为正值且显著，表明母国工程市场快速增长时，承包商将更有可能使用永久性进入模式进入国际市场。尽管发现该因素很重要，但其方向与假设（H_2）相反。部分原因是市场增长是用 1992—2001 年工程支出的年均增长来衡量的，因此，市场增长的累积效应已计入母国市场规模。此外，在许多国内市场高速增长的国家中，政府会促进承包商寻求国际市场并实现可持续的海外收入。尽管政府的支持被认为是确定国际市场进入模式的重要变量，但由于缺乏相关数据源，本章并未将其纳入模型中。

不确定性规避的β值为正值且显著，表明那些偏好规则和规范的国家的承包商倾向于使用永久性进入模式进入国际市场，从而支持假设3。长期取向的β值为正值，表示具有长期取向文化底蕴的国家和地区的承包商更倾向于采用永久性进入模式，而不是流动性进入模式进入国际市场。但是，这在统计上并不显著，部分支持假设4。

贸易联系、投资风险、文化距离、殖民联系和语言相近性的β值与根据理论推理假设的方向相反。从而表明，当承包商进入陌生、有风险、不同文化且竞争激烈的市场时，他们更有可能采用永久性进入模式。至少有两个原因可导致这种现象的出现：①国际工程承包商对陌生的商业环境持积极态度。对于国际工程承包商而言，永久性进入模式是帮助他们形成新能力的一种方式。在陌生的环境中，承包商设置了本地化的住所以获得本地身份，积累本地知识并建立持久的本地网络，同时开发其他专门用于本地运营的功能。②国际工程承包商通常倾向于使用流动性进入模式。当环境舒适时，他们将选择以前熟悉的流动性进入模式。这证实了有些商业理论可能不适用于建筑业，在解释国际工程承包商进入国际建筑市场的模式时，必须考虑一些国际工程承包商独有的心理和行为模式。

在模型1中，贸易联系、投资风险和东道国市场吸引力在统计上均不显著。该统计结果表明，承包商在进行进入模式选择时，往往不会考虑这三个变量。其中，就规模和增长而言，东道国市场吸引力的β值与假设相同。但是，这意味着在探寻具有吸引力的市场中，永久性进入模式在某种程度上要优于流动性进入模式。

进入限制是一个带有负β值的重要变量，表示当东道国市场涉及严格的限制性法律、政策和惯例时，承包商更可能采用流动性进入模式。这与假设12完全一致。进入限制还会与其他预测因素相互作用，从而影响承包商对进入模式的选择。有关其相互作用的效应将在下一节进行详细介绍。

出乎意料的是，研究发现承包商进入竞争激烈的市场时倾向于采用永久性进入模式，而不是流动性进入模式。其方向不仅与假设13相反，而且该变量在模型中具有统计学意义。产生这种惊人现象的原因可能有三个方面：①在本章用于衡量竞争强度的方法中，竞争者的数量可能不合适。实际上，它是东道国市场吸引力的另一个代表，因为对于具有吸引力的市场会有更多的承包商参与其中。②国际工程承包商积极进取，不怕竞争，这反映承包商在业务范围上相互渗透的市场状况。③在国际市场上，一些承包商并不直接与其他国际工程承包商或本地承包商竞争，而是关注一些具有竞争优势的利基市场。例如，日本承包商擅长隧道运输，英国承包商擅长桥梁建造，而美国承包商擅长石油加工项目。因此，在特定市场领域的竞争强度是国际工程承包商关注的问题，而不是整体竞争强度，需要进一步研究这种关系。

企业规模的 β 值是正值且显著意味着规模大的承包商更可能采用永久性进入模式，从而支持假设 14。国际经验的 β 值为正值且显著，表明当承包商积累了很多经验时，他们更倾向于采用永久性进入模式，即支持假设 15。因此，基于企业相关因素得出的两个假设得到了回归分析的完全支持。

在模型中发现，控制母国经济增长水平变量具有统计学意义。这意味着母国的经济增长阶段对于确定承包商选择哪种进入方式方面确实起着重要作用。这个因素不是本研究的重点，但进一步的探索是有趣且有价值的。

5.5.2.2 交互效应

本章假设承包商的进入模式选择需要分两步来确定：第一步，承包商根据除进入限制之外的自变量的影响对各种进入模式进行排名；第二步，在考虑进入限制的情况下，选择最合适和最可行的进入模式。进入限制对所有自变量的联合效应的影响可以单独通过研究进入限制与其他每个自变量的相互作用来确定。在模型 2 中探索了进入限制与其他影响因素之间的交互效应，如表 5.5 所示。本章分析了在 0.05 水平以下具有统计学意义的三个相互作用项，即国内市场增长进入限制、文化距离进入限制、投资风险进入限制。

图 5.2 显示了进入限制与母国市场增长的交互效应。可以看出，当母国市场增长低于某个基准点时，承包商在进入限制更强的市场不太可能采用永久性进入模式，这与假设 1 是一致的。但是，对于来自市场增长高于该基准点的国家的承包商而言，他们更有可能在具有严格准入限制的市场中采用永久性进入模式。如果先前关于母国市场增长的主要影响的解释是正确的，那么这里就可以解释这种现象。对于来自缺乏政府支持的国家的承包商而言，他们倾向于对具有严格准入限制的市场采用流动性进入模式。对于那些获得政府大力支持或政府促进出口的企业，他们可能采用永久性进入模式来维持海外收入。但是，这些承包商中的大多数是全球工程领域的新参与者，尚未实现在全球的战略部署。他们通常在邻国或第三世界国家和地区拥有永久性市场，其进入限制可能很高。图 5.2 中线段的斜率差异还表明，承包商对于进入限制较低的市场选用进入模式的一致性更高，而对于进入限制较高的市场则具有更多的可变性。

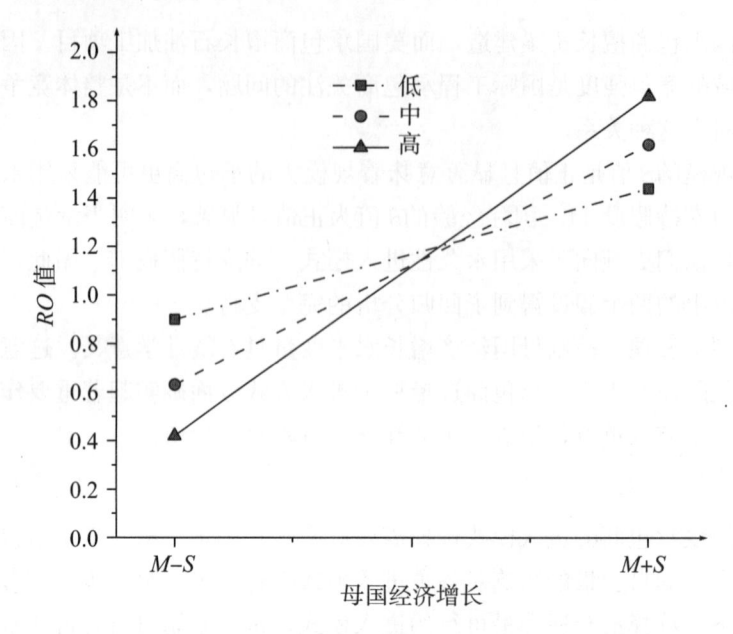

※ 国际工程中的选择问题：国别市场、进入模式和项目

图 5.2　进入限制与母国市场增长的交互效应（M—均值，S—标准差）

　　图 5.3 反映了文化距离与进入限制的交互效应。可以看出，当文化距离低于某个基准点时，承包商在进入限制更强的市场中不太可能采用永久性进入模式，这与假设 4 是一致的。但是，当文化距离高于此基准点时，承包商更有可能在进入限制高的市场中采用永久性进入模式。这表明，当文化距离足够低时，承包商很容易了解东道国的市场环境，并且他们无须采用永久性进入模式来促进学习过程。因此，他们可以根据进入限制程度的高低对永久性进入和流动性进入进行选择。当限制条件很高时，承包商倾向于采用流动性进入模式；否则，采用永久性进入模式。但是，当文化距离足够高时，为了熟悉并适应本地市场，则采用永久性进入模式显得更加必要。图 5.3 还反映出，低进入限制线更加平坦，而高进入限制线更加倾斜。这意味着国际工程承包商强调文化距离对封闭市场而不是开放市场的两种进入模式选择的影响。

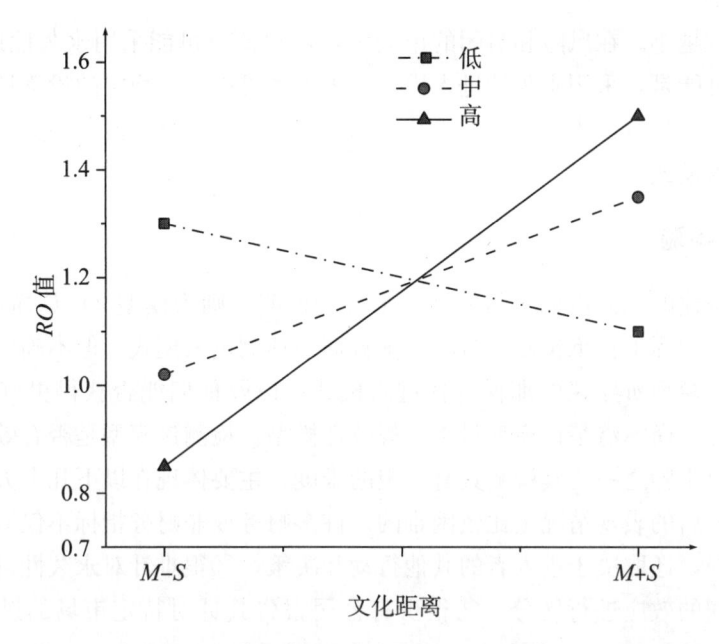

图 5.3 文化距离与进入限制的交互效应（M—均值，S—标准差）

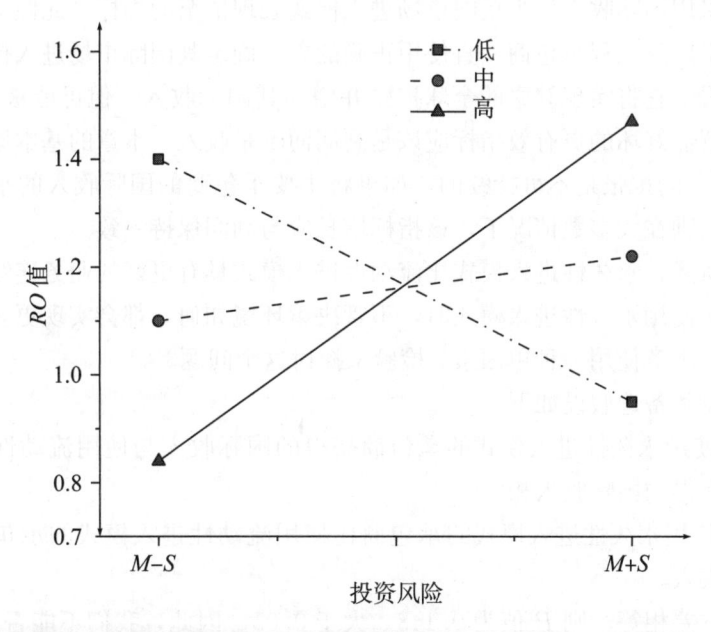

图 5.4 投资风险与进入限制的交互效应（M—均值，S—标准差）

图 5.4 反映了投资风险与进入限制的交互效应。可以看出，当投资风险等级低于某个基准点时，承包商在进入限制高的市场中不太可能采用永久性进入模式，这与假设 9 是一致的。但是，当投资风险等级高于该基准点时，承包商更有可能在具有高准入限制的市场中采用永久性进入模式。投资风险等级越高，该市

场的风险就越小。在风险和封闭的市场中，承包商更可能采用永久性进入模式。原因之一可能是，采用永久性进入模式，进入者可以享受稳定的投资环境，同时对潜在进入者具有进入障碍。对于开放和稳定的市场，承包商可能更倾向于采用流动性进入模式。

5.5.3 t 检验

本章构建的二元逻辑回归模型（未特别说明，则为模型2）是描述性模型，它主要基于国际工程承包商决策的历史数据来预测进入模式。但不确定承包商是否会按照该模型所建议的那样选择进入模式，以及他们能否获得更好的进入表现，换言之，尚不清楚该模型是否为规范性模型。检测该模型是否有效也是规范模型的重要步骤之一，其检测具有一定的难度，主要体现在以下几个方面：①衡量市场进入后的表现情况是比较困难的。许多财务或非财务指标不仅取决于进入模式的选择，还取决于进入者的其他行动和决策。②很难针对永久性进入和流动性进入之间的效应进行区分。③很少有公司报告其针对特定市场的进入模式的表现。

本章采用国际收入作为反映市场进入模式表现情况的指标。此做法的潜在假设是，如果国际工程承包商一直使用正确的方法确定其国际市场进入模式，那么从长远来看，它将实现健康的全球扩张并增加其国际收入。但可能被质疑的是，反映国际营业好坏的更有效指标应该是利润而不是收入。本章的基本原理是基于"仅限收入"的扩张是不可持续的，如果将主要承包商的国际收入的平均值用作衡量标准，则在大多数情况下，该指标增长应与利润保持一致。

综上所述，永久性进入模式比流动性进入模式具有更好的业务连续性。当承包商倾向于使用永久性进入模式时，不管决策环境如何，都会实现更多的平均国际收入吗？本章使用一种单因素 t 检验来探讨这个问题。

零假设和备选假设如下。

H_0：使用永久性进入模式的承包商获得的国际收入与使用流动性进入模式的承包商获得的国际收入相同。

H_1：使用永久性进入模式的承包商比使用流动性进入模式的承包商获得更多的国际收入。

假设方差相等，则 P 值为 0.148，大于 0.05。因此，我们不能否认 H_0，或者我们可以得出的结论是，没有足够的证据证明使用永久性进入方式的承包商比使用流动性进入方式的承包商会获得更多的国际收入。结果表明，如果承包商不顾其内部和外部环境而继续对国际市场使用永久性进入模式，则无法维持其国际收入的增长。

为检验所建立的回归模型是否具有规范性，提出以下假设。

H₀：选择模型建议的进入模式的承包商与未选择模型建议的进入模式的承包商所获得的国际收入相同。

H₁：选择模型建议的进入模式的承包商比未选择模式建议的进入模式的承包商所获得的国际收入高。

模型 2 的结果用于计算拟合值。假设方差相等，则 P 值为 0.00，小于 0.05。因此，我们不支持 H₀ 并得出结论，选择模型建议的进入方式的承包商可能比没有选择建议的进入方式的承包商做得更好。

尽管本章的分析存在无法充分衡量进入表现的风险，但表明本章构建的回归模型不仅是一种描述性模型（承包商在何种情况下选择了哪种进入模式），而且是一种规范性模型（如果承包商的选择与模型建议相符，则它们可以实现更好的扩张）。

5.6 结论与启示

模型中绝大多数因素在主效应方面（母国市场规模、母国市场增长、不确定性规避、文化距离、殖民联系、语言相近性、进入限制、竞争强度、企业规模和国际经验）和交互效应方面（投资风险和东道国市场规模）是显著的。但是，并非所有假设都得到完全支持。实际上，在某些情况下，发现自变量对因变量的影响方向与相关假设相反。通过分析得出，一些主要基于一般商业和经济理论得出的假设可能不适用于建筑业。必须考虑建筑行业的特点，尤其是国际工程承包商的独特行为和决策模式，来说明他们选择市场进入模式的方式。

国际工程承包商通常是冒险者和积极的竞争者。在传统上，他们倾向于采用流动性进入模式，但是会采用永久性进入模式来获取本地知识并建立本地网络，以克服与母国完全不同的国际市场中的未知和不确定性。由于本章建立的模型也是规范性的，这意味着这些模型特征可以解释样本国际工程承包商的成功。由于一些强烈的内部驱动因素的推动，例如，母国政府的积极推进、全球化以及抵消国内市场紧缩的压力等，一些国际工程承包商可能会盲目而仓促地使用永久性进入模式，即使该类进入模式可能比他们选择流动性进入模式所面临的困难更大。由于这些承包商通常经验不足，并且只关注全球市场的一小部分，以致进一步扩大较为困难。建议这类承包商应根据本研究的结果（模型和相关假设）做出更合理的进入模式选择决策，并尝试以全球视角而非区域视角部署其新的市场进入行为。

5.7 本章小结

本章通过实证分析对第 4 章确定的假设关系进行检验，并为永久性进入模式和流动性进入模式的选择建立了两个逻辑回归模型。模型 1 主要关注影响因素对进入模式选择的主效应影响分析,模型 2 主要关注三个影响因素与进入限制间的交互效应分析。在主效应分析部分,通过论证得出,在 15 个假设关系中,完全支持的假设有 5 个,部分支持的假设有 8 个,不支持的假设有 2 个。在交互效应分析部分,分别分析了市场进入限制与母国市场增长、文化距离和投资风险之间的交互效应。最后,本章通过单样本 t 检验对两种进入模式的优劣及模式的规范性进行了论证。

6 国际工程项目选择评估信息模型

6.1 引 言

工程企业最重要的一项工作就是评估并选择合适的项目，项目选择决策正确与否会影响企业的市场发展，并直接引发后续中标项目的风险和收益。如果不能有效识别和追踪与企业能力和战略目标相匹配的项目，必将对企业产生负面的影响。项目评估是一个持续的过程，其属于企业战略层面的决策。国际工程项目选择评估决策需要大量的信息，通常根据直觉和经验进行判断[76]。国际工程项目选择决策的信息流是不稳定的，并且重要的信息可能被遗漏和忽略，从而造成项目选择评估的质量较差。因此，为制定更加有效的项目选择决策，确定企业高层制定该决策所需的信息十分重要。

当前缺少较为有效的方法来辅助工程企业解决选择过程中的决策问题。以往的研究尚未建立用于项目投标评估分析的综合性模型。绝大多数研究主要关注于利用计算机技术，通过识别最关键的影响因素，向决策者提供量化的决策数据。本章提出项目选择决策的信息框架模型——基于组织的信息框架模型（Organization Based Information Architecture，OBIA）。该模型可以向项目选择的决策者提供有效识别国际工程项目投标/不投标决策所需的信息和因素。

6.2 信息模型构建背景

目前，大多数产品和过程建模工作的主要目标是在建立通用数据定义的基础上，集成计算机程序或来自建设项目的数据。许多信息模型提供了正在构建的物理产品的通用表示，这些产品模型是计算机系统集成产品的通用表示。其他信息建模工作侧重于开发基于项目的信息模型，其目的是开发更加集成的项目管理计算机程序。这样的建模工作包括基于过程的信息架构（PBIA）[77]及建筑、工程和施工的综合参考模型[78]。

所有模型都以建筑产品或建筑过程为基本单元。本章介绍的 OBIA 建立在以前这些模型的基础上，并力求通过构建工程企业做出战略决策所需的信息来丰富项目评估过程。这就需要先前在基于项目的建模工作中识别的大量信息，以及做出影响一个组织未来的决策所需的信息。因此，开发与项目相关的信息模型合乎工程企业的需求。

6.3 信息模型构建

由于信息的多样化以及项目评估决策过程的复杂性，本章通过 5 次非结构性的访谈来收集项目选择决策的信息。内容分析图用于建立模型的初始结构，5 次结构化访谈用于完善该模型。使用非结构化的开放式问题，对 5 名负责执行或监督项目评估决策且有经验的人进行采访。这 5 名高管都居住于美国，负责评估美国国内市场的项目，其中 3 名参与者还评估过其他国家的项目。他们以更加广阔的视角理解项目的评估过程，描述了他们用于评估项目的信息，并提供了信息的细节和实例。通过回顾访谈记录、听取访谈录音（如果允许）、绘制内容图表和访谈者所掌握的信息，对每次访谈进行了分析。

这 5 次结构化访谈专门针对那些正在评估国际工程项目的承包商。在确定了信息分类之后，这些结构化访谈确定每个信息类别所对应的案例。访谈还探索了解释这些信息的过程。受访者被提示要举例说明不同的信息和决策过程，以对所做答复的确切含义提供进一步解释。在 5 次访谈之后，根据受访者详细一致的答复构建出 OBIA。

与受访对象讨论的所有话题都包含在 OBIA 中，因此该模型对样本来说是全面的。模型中一些较低层次的因素没有被任何专家提及，这些因素是通过组合不同的信息类别和实例来识别的。例如，没有专家提到竞争对手所处环境的法律产生的影响。但是，专家确实发现了在其他组织环境中法律的潜在影响。因此，可以确定竞争者所处环境中的法律是有可能影响评估决策的。

6.4 基于组织的信息结构

OBIA 是一个信息结构，包含承包商有效地做出战略决策所需的信息。信息主要由 5 个类别的内容组成：组织、承诺、过程、环境和设施。图 6.1 显示了信息的主要类别及其相互之间的关系，以下各节将详细地介绍这些类别。OBIA 中包含的垂直关系应该自上而下进行解读，水平关系应该从左到右进行解读。例如"组织制定承诺"和"承诺定义过程"。Messner[79]详细定义、解释并提供了模型中的每一项案例。自 1985 年起，IDEF1X 建模方法被用于开发 OBIA。该方法提供了一种在有组织的图形结构中确定信息和信息间关系的手段。

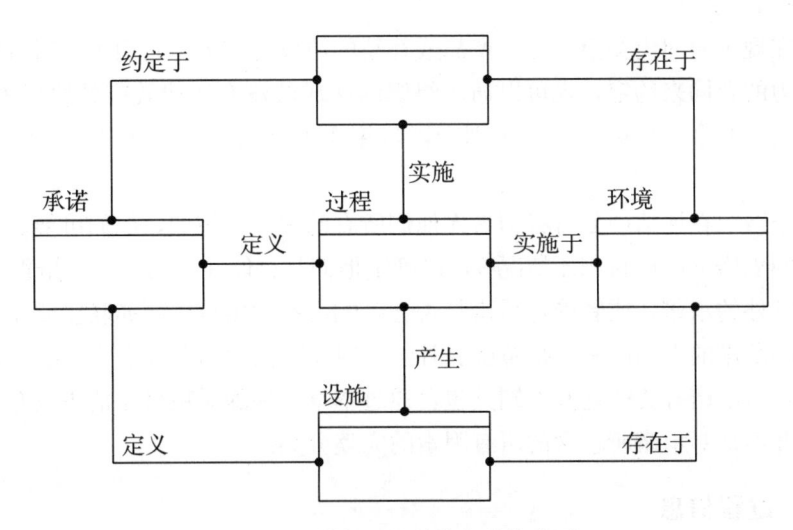

图 6.1 基于组织的信息结构模型

6.4.1 组织信息

组织是以目标为导向,具有结构化的社会实体。每个组织都有其目标和控制资源。组织目标是组织试图达到的理想状态,笔者在整个研究过程中确定了几种不同类型的组织目标,包括财务、市场范围、资源、生产力和组织发展。组织还拥有资源,组织资源被定义为组织用来执行过程的人员和项目,无论其是有形的还是无形的。本书所涉及的不同类型的资源包括金融、人力(包括管理和劳动)、知识、关系、声誉、实物(包括基础设施、设备/工具和材料)和时间。

许多组织都参与过项目的交付。在评估一个项目时,有必要考虑以下组织的相关信息:评估组织(公司、公司内的一个部门或联合体)、潜在竞争对手、业主、与项目有关的其他组织(项目经理、设计人员)、投标组中的其他各方。

需要重点强调的是,这些组织可以是公司的一部分、整个公司或许多公司。如果公司正在建立联合体来获取一个项目,那么就有必要从联合体的角度来评估该项目,并从自己组织的角度来评估该项目以及联合体内的各个参与方的情况。联合体将通过各组织间的合作,充分利用集体资源,实现共同的目标。

在评估新项目时,有关竞争对手的目标和资源的信息也至关重要。一个组织必须考虑到其在项目竞争中的优势和劣势以及潜在竞争者的数量。在整个项目选择评估中,项目评估者确定了以下几方面的竞争优势:关系、技术、管理、企业声誉、地理位置、财务、服务范围、时间、物质资源、人力资源、制度。

6.4.2 承诺信息

OBIA 中包含的第二类主要信息是承诺。承诺是组织之间达成的协议,以及关于对在规定时间内交换服务、产品或补偿的协议的变更。它们可以通过具有法律约束力的合同来约定，也可以通过组织间达成的没有法律效应的协议来约定。合同承诺和非合同承诺之间的区别会影响用于解决因不遵守承诺而产生冲突的方法。

一个组织在评估项目时必须考虑他们所有的承诺。例如，他们可能需要审查其当前的承诺（或项目积压情况），以确定他们是否能在不增加可用资源的情况下作出额外的承诺，或者确定承诺是否会影响潜在的项目，例如联盟或非竞争协议。影响承诺的不同因素包括范围、补偿、时间、法律问题和选择标准。需要注意的是，与承诺有关的这些类别只包含通过本章发现的对项目评估决策有影响的因素，并不是对承诺所包含的所有因素的完整分类。

6.4.3 过程信息

OBIA 中的第三类信息是过程信息。承包商在执行项目过程中利用过程信息管理业务运营和提供设施。建筑业执行的两种主要过程类型是管理过程和设施过程。管理过程包括战略规划、获取项目和管理承诺等，这些过程对于建设单位的持续生存至关重要，但不会给具体的工程项目增加任何价值。设施过程是那些对提供设施有直接贡献的过程，这些过程已经被 Sanvido 等人[77]在集成建筑过程模型（IBPM）中确定并定义。

6.4.4 环境信息

环境是指在一个特定地理位置上围绕并影响一个过程、设施或组织的所有条件。环境影响执行设施过程的方法，并影响在特定地理位置上执行业务所涉及的风险和机会。环境分为 6 种类型：地理、政治、法律、经济、文化和资源。

6.4.4.1 地理环境

地理环境由存在于某个位置上的因素组成，这些因素对该位置的过程或产品产生物理影响。这些因素包括但不限于地形（如山地、沙漠）、地质（如温度、降水、湿度）和自然灾害（如地震、泥石流）。

6.4.4.2 政治环境

政治环境包含管理机构在特定位置上监督运营或过程时所施加的因素。需要考虑的与政治环境有关的项目包括政治制度类型（如民主、极权主义）、政治组织（如政党）、政治领导人、政治选举（如时间、候选人）、政府政策（如贸易政策）和政治稳定。

6.4.4.3 法律环境

法律环境包括政府施加的规则以及对这些规则在特定地点的解释。必须考虑的与法律相关的项目有法律类别（如民法、普通法或神权法）、法律制度（如国内律师注册要求）、法律规定（如安全法规、建筑法规、税法和劳动法）、不遵守法律法规的处罚以及执法力度。

6.4.4.4 经济环境

经济环境由与金融体系和一个地区内的货币兑换规则有关的所有因素组成。经济环境对项目的融资有重大影响。经济环境中会影响到国际工程成本的因素包括经济体制（如自由市场、社会主义市场或中央市场）、货币类型（如欧元、美元）、通货膨胀率、税率、相对于其他货币的稳定性、经济增长和工业市场增长（如建筑市场增长）。

6.4.4.5 文化环境

文化由基于态度、价值观和信仰的特定学习规范组成，这些规范存在于每个社会中[80]。文化环境将影响一个地方的管理技术、谈判方式和生活环境。值得注意的是，一群人的文化环境可以用许多不同的方式和许多不同的特征来描述。Lawrence 和 Yeh[81] 确定了企业管理运作中的几个文化环境特征：团体的等级性质、个人主义与集体主义、工作态度、时间取向（解决问题的时间范围）、宿命主义与工具主义以及对人性的看法。

关于文化因素的研究还不够全面，它们通常被用来分析和比较各种管理技术在不同文化环境中的应用。其他一些文化类别包括组织隶属关系、工作重要性、职业重要性、自我依靠、交流、道德和礼仪[80]。这些不同的分类有助于分析和理解不同的文化。然而，在讨论文化时，值得注意的是，文化建立在对一个群体的人性特征进行概括的基础上。一个群体中的特定个体可能且经常会偏离规范。

6.4.4.6 资源环境

每个地方都有一个可以获取资源的环境。这些资源可以在该地区购买、租赁或使用，或者转移到不同的地区。可以从一个地区获得的特殊资源包括人力资源、物质资源（如国家基础设施、当地材料）、空间、财务资源和知识。

6.4.5 设施信息

OBIA 中最后的信息类别是设施，设施是建设过程中产生的物理产品。Sanvido 等[77] 将设施定义为完工的建筑和场地，包括所有已安装的设备。正如前文所讨论的那样，为了实现计算机集成化建设，目前正在进行大量与设施相关的信息特征和分类的研究。OBIA 中使用的设施产品的定义和分类与在 Sanvido 开发的 PBIA 中使用的设施产品相同。PBIA 认为设施包含基础设施和建筑物，每一项都被 Sanvido 等进一步分解为子类别并进行定义，本书在此不做详细介绍。

6.5 OBIA 评估

通过对 10 个项目评估决策案例（不包含用于构建模型的案例）进行研究，确定 OBIA 是否能够有效捕获用于每个项目评估决策的信息。案例研究的项目位于五大洲，评估这些项目的公司总部都设在美国。在 10 个项目中，有 8 个项目的参与公司在执行和评估国际项目方面经验丰富。10 个项目中有 6 个项目是大型基础设施（如电力、石油和水处理），有 4 个项目是建筑。这些多样化的项目有助于确保在 OBIA 中识别所有信息类别。

在每个案例研究中收集的信息都根据 OBIA 进行了检查，以确保可以在 OBIA 的类别中识别出用于做出项目评估决策的所有重要信息。这一过程需要将决策中使用的案例研究信息映射到 OBIA 结构中。表 6.1 展示了信息类别的一个示例，这些信息类别对每个特定案例研究（针对一个信息类别）的项目评估过程都至关重要。在整个评估过程中，不需要添加上层信息类别，因为每个案例研究的信息和关系都包含在模型中。

表 6.1 案例分析承诺数据

OBIA 分类	合计	1	2	3	4	5	6	7	8	9	10
承诺信息	10	√	√	√	√	√	√	√	√	√	√
范围定义	8	√	√	√	√	√	√		√		√
产品被清晰地定义	6	√		√	√	√	√				√
过程被清晰地定义	0										
支付	8	√	√	√	√	√			√	√	√
货币	4				√				√	√	√
支付担保	1								√		
支付计划	1								√		
潜在利润	8	√	√	√	√	√			√	√	√
成本的竞争性	3			√					√		√
进度	6										
按时完工的可能性	6	√	√	√	√				√		√
延期完工的罚款	6	√	√	√	√				√		√
控制进度的能力	5	√	√	√	√				√		

续表6.1

OBIA 分类	合计	\multicolumn{10}{c}{案例}
		1	2	3	4	5	6	7	8	9	10
法律问题	1	√									
合同语言	0										
裁决法院	1	√									
变更条款	1	√									
合同形式	0										
合同风险	1	√									
潜在索赔	1	√									
移交方法	10	√	√	√	√	√	√	√	√	√	√
项目移交方式	10	√	√	√	√	√	√	√	√	√	√
选择承包商方法	8	√	√	√	√	√	√	√			√
业主条例	7		√	√	√	√	√	√			√
与业主早期接触	3	√				√			√		
评估者承诺	3								√	√	√
合同承诺	3						√		√	√	
非合同承诺	1					√					
承诺时间	0										
业主承诺	2				√					√	
合同承诺	1				√						
非合同承诺	1				√						
竞争对手承诺	1										√
合同承诺	1										√
非合同承诺	0										

6.6 模型应用

OBIA 可以在几种不同的环境中应用。一种应用是分析组织和组织正在执行的项目,即项目评估决策。例如,如果公司希望评估一个工程项目,以确定该公司是否应该继续追踪该目,他们必须收集许多不同类型的项目信息。公司可以通过 OBIA 构建信息的一般结构,确定可能影响其决策的每个信息类别的具体情况。从这些实例中，决策者可以制定一个项目信息分析图，如图 6.2 所示。该图确定了需要进一步识别的信息元素。制定此图后，决策者可以收集与每个主要信息类别和子类别有关的信息。

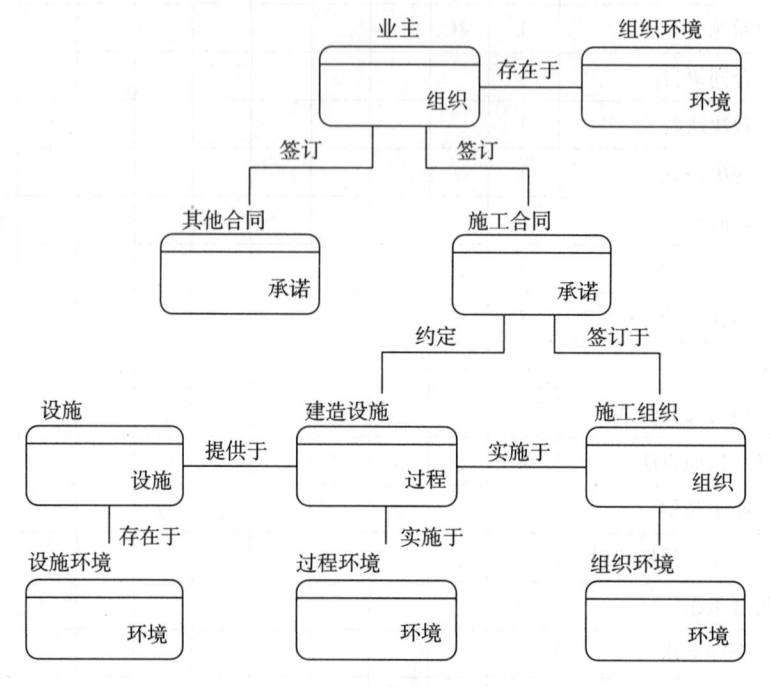

图 6.2 项目信息分析图

在以往的工作经验中，笔者已经成功地使用 OBIA 收集评估了大约 50 个项目所需的信息。使用该模型可以帮助发现项目不可行的条件。在这些项目中，有 10 个以上的项目使用 OBIA 进行了详细的调查，以收集和整理相关数据。在所有实例中，OBIA 能有效地对信息进行识别和整理。随后，OBIA 可以被用于创建向其他项目参与者展示项目的具体情况。Mellado[82]使用 OBIA 分析了与委内瑞拉石油建筑业这一特殊市场部门相关的关键信息。在未来开发决策支持工具以协助公司进行评估的工作中，可以使用 OBIA 来收集支持项目和公司决策所需的信息。

6.7 本章小结

本章提出 OBIA 作为一种信息模型来支持工程企业的战略项目评估决策。该信息模型主要由 5 部分组成：组织、承诺、环境、过程和设施。OBIA 是通过对项目评估决策的详细分析开发的，并通过 10 个案例研究成功地进行了测试。OBIA 已被用于收集执行项目评估过程所需的信息。

7 国际工程项目投标/不投标决策影响因素研究

7.1 引 言

投标策略最早被认为是承包商在竞争性投标中获取竞争优势的有效途径，众多学者关注投标策略模型构建研究并建立了相应的投标决策模型。Firedman 投标模型[83]被公认为第一个定量投标决策优化模型，后期很多学者进一步发展、深化和优化了该模型[84-90]。文献[91]根据不同的条件对 Firedman 投标模型进行测试，发现该模型在可靠性方面存在很大的不稳定性，在有些情况下很可靠，但在有些情况下并不可靠。Gates 作为投标策略模型研究的另一位重要代表人物，其在文献[92]中指出，投标策略模型主要适用于学术研究，而不适用于实践。因此，他放弃所有的数学化的投标策略模型（包括他自己建立的模型），转而运用德尔菲技术设计出主观评估的非数学化方法。

投标决策包含两个重要的过程：投标/不投标决策与标高金决策。与标高金决策相比，投标/不投标决策受到的关注度相对较少。Wanous 最早在文献[93]中强烈呼吁加强对投标/不投标决策进行研究，因为在逻辑上投标/不投标决策要先于标高金决策，当做出不投标决策后便没有必要开展标高金决策。Wanous 在投标/不投标决策影响因素方面[93]和投标/不投标决策方法方面[94][95]均做出深入的研究。近年来，投标/不投标决策越来越多地受到关注，众多学者从不同的角度不断完善投标/不投标决策研究。

Ahmad[96]指出，揭示投标决策的影响因素是确定如何制定投标决策的有效方法。在当前所有关于投标决策的方法和模型中，决策影响因素是最基本的信息输入部分，其权重和属性值的正确与否直接关系到投标决策结果的好坏。因此，确定工程项目投标决策影响因素是解决投标/不投标决策问题的第一步。当前关于投标决策影响因素的研究主要集中于国内工程项目，有关国际工程投标决策影响因素的研究主要集中于风险因素上，系统开展国际工程投标/不投标决策影响因素的研究相对较少。本章通过探索国际工程投标/不投标决策影响因素来弥补当前研究存在的不足，具有一定的理论价值。

7.2 调研问卷设计

调研问卷是当前应用最为广泛的一种系统研究方法。该方法主要用于收集调研对象的观点、认识和掌握的事实[97]，已在众多研究中被用于识别影响国内工程投标/不投标的影响因素[96][98-104]。本章研究的主要目标是识别投标/不投标影响因素的重要性以及不同类型承包商对这些因素重要性认知的差异性，因此调研问卷是比较合适的收集数据和征集专家意见的方法。

7.2.1 初始问卷设计

7.2.1.1 投标/不投标决策影响因素清单

投标/不投标决策影响因素清单是调研问卷最核心的部分，设计调研问卷的第一步是识别潜在影响因素清单。本章通过对大量的文献进行回顾，确定投标/不投标决策影响因素的初步清单。国际工程的投标/不投标决策影响因素由两部分组成：一部分是一般性投标决策影响因素（简称一般因素），这类因素是国内工程与国际工程共有的；另一部分是国际工程因素（简称国际因素），这类因素是针对国际工程特有的，国内工程投标不受或很少受到这类因素的影响。

一般因素主要根据12篇关于国内工程项目投标/不投标决策影响的研究文献确定。由于各个研究提出的影响因素的名称、数量和含义各不相同，因此本章采用人工审查的方式对影响因素进行提炼。在12篇文献中，因素出现的总次数大于或等于3的即被识别为初步清单中的潜在因素，最后确定27个潜在一般因素，如表7.1所示。

表7.1 通过文献回顾确定国际工程投标/不投标决策一般因素初步清单

因素代码	因素名称	A	B	C	D	E	F	G	H	I	J	K	L
IF01	项目规模	√	√	√	√	√	√	√	√	√	√	√	√
IF02	项目类型	√	√			√	√		√	√	√		√
IF03	项目工期	√	√	√			√		√	√	√		√
IF04	项目投标期限		√	√		√			√	√	√		√
IF05	项目复杂程度	√											√
IF06	业主特殊要求								√		√		
IF07	当前工作负荷	√	√	√	√				√				√
IF08	类似项目经验				√	√	√	√	√	√			

续表7.1

因素代码	因素名称	A	B	C	D	E	F	G	H	I	J	K	L
IF09	企业财务能力			√			√	√		√	√		√
IF10	企业技术能力			√		√		√	√	√			
IF11	企业管理能力	√		√			√	√	√		√		
IF12	过去类似项目利润	√		√	√	√	√	√	√	√		√	√
IF13	合同类型			√				√	√				
IF14	业主身份	√	√	√	√			√		√			
IF15	潜在变更的可能性						√	√	√				
IF16	分包比例	√	√	√									
IF17	项目预付款比例							√		√	√		√
IF18	项目需求程度	√		√			√		√	√	√		
IF19	潜在竞争者数量		√	√	√								
IF20	潜在竞争者实力		√										
IF21	项目资金可靠性		√		√		√	√		√			√
IF22	招标文件完整程度			√			√		√	√			√
IF23	合同条件			√				√		√			
IF24	项目现场条件		√			√	√	√					
IF25	违约惩罚力度			√			√		√	√			
IF26	业主声誉					√		√	√	√	√		√
IF27	与业主的关系		√					√	√				√

注：A—Ahmad 和 Minkarah[96]，B—Odusote 和 Fellows[105]，C—Shash[106]，D—Hassanein[98]，E—Wanous 等[93]，F—Fayek 等[107]，G—Egemen 和 Mohamed[99]，H—Bageis 和 Fortune[108]，I—El-mashaleh[101]，J—Jarkas 等[109]，K—Leśniak 和 Plebankiewicz[102]，L—Shokri Ghasabeh 和 Chileshe[103]。

由于涉及国际工程投标/不投标决策影响因素的文献相对较少，因此国际因素的确定方法与一般因素的确定方法存在差异。国际因素的确定主要根据国际工程管理的相关研究来完成。最终，本章识别出18个国际因素，这些因素在相关文献中被广泛应用，如表7.2所示。总体上，国际工程投标/不投标决策影响因素初步清单中因素的数量为45个。

※ 国际工程中的选择问题：国别市场、进入模式和项目

表 7.2　通过文献回顾确定国际工程投标/不投标决策国际因素初步清单

因素代号	因素名称	文献来源
IF28	类似国家项目实施经验	Messner（1994）[15]，Koch（2001）[111]，Han 和 Diekmann（2001）[112]，Gunhan 和 Arditi（2005）[113]，Musso 和 Francioni（2012）[40]，Dikmen 等（2007）[114]，Eybpoosh 等（2011）[115]
IF29	东道国与中国的距离	O'Farrell 和 Wood（1994）[116]，Han 和 Diekmann（2001）[112]，Dikmen 和 Birgonul（2004）[117]，Musso 和 Francioni（2012）[40]，Chen 等（2016）[118]
IF30	东道国的基础设施条件	Messner（1994）[15]，Han 和 Diekmann（2001）[112]，Dikmen 等（2007）[114]，Eybpoosh 等（2011）[115]
IF31	当地分包商及供应商的可用性	Messner（1994）[15]，Zhi（1995）[120]，Han 和 Diekmann（2001）[112]，Dikmen 等（2007）[114]，Eybpoosh 等（2011）[115]
IF32	东道国人力资源的可用性	Messner（1994）[15]，Zhi（1995）[120]，Jaselskis 和 Talukhaba（1998）[121]，Han 和 Diekmann（2001）[112]，Dikmen 等（2007）[114]，Wang 等（2004）[122]，El Sayegh（2008）[123]，Eybpoosh 等（2011）[115]
IF33	东道国原材料资源的可用性	Zhi（1995）[120]，Messner（1994）[15]，Han 和 Diekmann（2001）[112]，Jaselskis 和 Talukhaba（1998）[121]，El Sayegh（2008）[123]
IF34	东道国设备资源的可用性	Zhi（1995）[120]，Messner（1994）[15]，Han 和 Diekmann（2001）[112]，Jaselskis 和 Talukhaba（1998）[121]，El Sayegh（2008）[123]
IF35	获取东道国投标经验	Messner（1994）[15]，Egemen 和 Mohamed（2008）[124]
IF36	未来在东道国获取更多项目	Messner（1994）[15]，Egemen 和 Mohamed（2008）[124]
IF37	东道国与中国的双边关系	Zhao 和 Shen（2008）[8]，Zhao 等（2009）[126]，Dikmen 等（2007）[114]，Eybpoosh 等（2011）[115]
IF38	东道国的政治稳定性	Ashley 和 Bonner（1987）[3]，Messner（1994）[15]，Zhi（1995）[120]，Jaselskis 和 Talukhaba（1998）[121]，Han 和 Diekmann（2001）[112]，Han 等（2007）[128]，Dikmen 等（2007）[114]，Wang 等（2004）[122]，Deng 等（2014）[130]
IF39	汇率波动	Alexander（1989）[131]，Zhi（1995）[120]，Han 等（2007）[128]，Wang 等（2004）[122]，Gunhan 和 Arditi（2005）[132]
IF40	东道国通货膨胀率波动	Zhi（1995）[120]，Han 和 Diekmann（2001）[112]，Han 等（2007）[128]，Wang 等（2004）[122]，Gunhan 和 Arditi（2005）[132]
IF41	东道国法律体系的成熟性及可靠性	Zhi（1995）[120]，Han 和 Diekmann（2001）[112]，Han 等（2007）[128]，Wang 等（2004）[122]，Dikmen 等（2007）[114]，Eybpoosh 等（2011）[115]
IF42	政府效率/腐败/贿赂	Zhi（1995）[120]，Gunhan 和 Arditi（2005）[132]，Eybpoosh 等（2011）[115]
IF43	东道国治安状况	Zhi（1995）[120]，El Sayegh（2008）[123]
IF44	东道国与中国在文化上的差异性	Zhi（1995）[120]，Han 和 Diekmann（2001）[112]，Chan 和 Tse（2003）[133]，Wang 等（2004）[122]，Gunhan 和 Arditi（2005）[132]，Dikmen 等（2007）[114]，El Sayegh（2008）[123]
IF45	语言障碍	Zhi（1995）[120]，Han 和 Diekmann（2001）[112]，Zhao 和 Shen（2008）[8]

注：IF 表示初始因素。

7.2.1.2 调研问卷的内容设计

本章通过结构化的网络问卷来收集样本数据。问卷是在网络问卷平台"问卷星"上进行设计的,设计好的问卷通过电子邮件发送。调研问卷的内容主要由三部分组成:第一部分是问卷说明,阐述本问卷调研的主要目的及背景情况,并承诺对调研对象的信息负有保密责任。第二部分是关于调研对象的个人及其所在单位的基本信息。为确保调研对象能如实回答调研问题,减少调研对象对个人及企业相关信息泄露的顾虑,调研对象的姓名及所在单位的名称等具体信息均未要求填写。第三部分是国际工程投标/不投标决策影响因素的重要性,该部分是问卷的核心部分。调研对象需要对所列出的投标影响因素的重要性进行打分,确定各个影响因素对投标/不投标决策的影响的重要性等级。重要性等级采用李克特5级评分(1=很不重要,2=较不重要,3=一般,4=较重要,5=很重要)进行量化。

7.2.2 半结构化访谈

7.2.2.1 半结构化访谈设计

在发放调研问卷前,为确保调研问卷的清晰性、全面性、可理解性和合理性,以及加深对国际工程投标决策的理解,笔者对10家中国国际工程承包商进行访谈。访谈的目的主要有三个方面:一是总体上掌握中国国际工程承包商进行国际工程投标的基本流程和方法;二是对中国国际工程承包商进行国际工程投标决策中存在的问题和难点进行摸底;三是通过访谈对象反馈初步问卷中存在的问题,对问卷内容进一步完善。本章访谈的10家中国国际工程承包商均位列2016年的ENR 250,访谈对象均为经营部门的经理或项目经理,具有10年以上的国际工程投标或项目执行经验。

7.2.2.2 访谈结果

通过对访谈报告进行分析研究,关于中国国际工程承包商投标决策的情况得出以下结论:

其一,对投标/不投标决策重视不足,承包商的主要精力放在投标报价的决策上。

其二,投标/不投标决策主要由公司领导或部门领导(根据项目规模,确定公司管理层的等级)个人确定,有时由公司决策委员会(如公司董事会、总经理办公会等)集体商讨确定,因此投标/不投标决策总体上偏向于主观决策。

其三,绝大多数项目的投标/不投标决策在项目招标前已经开始,而不是等到业主发布招标公告后才开始。

其四,绝大多数企业目前还没有定量化的投标决策方法,最普遍的定量化的投标方法是依据定额进行投标报价。

其五，在国际工程竞标中，中国国际工程承包商之间的竞争异常激烈，常常会出现中标便会亏损的困境。

其六，在进行投标/不投标决策时，缺乏类似的历史项目可供参考，且众多影响决策的信息不完全或不确定，对与国际工程特点相匹配的新方法表示期待。

此外，10位访谈者对本书介绍的调研问卷在总体上均表示认可，同时也给出部分意见和建议。

其一，部分因素名称表达含糊，易造成调研对象误解。例如，"项目类型"是指工程类别（建筑项目、工业项目或基础设施项目）还是指项目归属部门类型（政府项目或私人项目）。

其二，个别因素在初次进入东道国市场时不适用。例如"与业主关系"，在刚进入国际工程市场时，缺乏过去的合作经验，该类关系尚未形成。

其三，问卷问题较多，调研对象在回答时会失去耐心，从而造成收集的样本问卷不能真实反映调研对象的认识，从而影响问卷的信度，建议对部分问题进行合并。

其四，调研对象的工作类型要兼顾海外投标经验和海外项目执行经验，能从不同的侧面反映投标决策影响因素的重要性。

根据上述建议，对初始问卷的表达进行完善，确保因素名称意思表达明确。同时，对部分影响因素项进行合并。例如，"业主身份"和"业主信誉"合并为"业主身份"，"东道国人力资源的可用性""东道国原材料资源的可用性"和"东道国设备资源的可用性"合并为"东道国资源的可用性"。此外，删除对于新进国际工程市场实际情况不适用的"与业主关系"。最终调研问卷中影响因素的数量为41项，其中，一般因素25项，国际因素16项，如表7.3所示。

表7.3 影响国际工程投标/不投标决策的因素

因素代号	因素名称	分组类别
CF01	项目规模	一般因素
CF02	工程类别（建筑、工业和基础设施）	一般因素
CF03	项目工期	一般因素
CF04	项目投标期限	一般因素
CF05	项目复杂程度	一般因素
CF06	业主的特殊要求	一般因素
CF07	企业当前工作负荷	一般因素
CF08	类似项目经验	一般因素
CF09	企业财务能力	一般因素
CF10	企业技术能力	一般因素

续表7.3

因素代号	因素名称	分组类别
CF11	企业管理能力	一般因素
CF12	过去类似项目利润	一般因素
CF13	合同类型（单价合同、总价合同和成本加酬金）	一般因素
CF14	业主身份（类型及信誉）	一般因素
CF15	潜在变更的可能性	一般因素
CF16	分包比例	一般因素
CF17	项目预付款比例	一般因素
CF18	企业对项目需求程度	一般因素
CF19	期望竞争者数量	一般因素
CF20	潜在竞争者实力	一般因素
CF21	项目资金可靠性	一般因素
CF22	招标文件完整程度	一般因素
CF23	合同条件	一般因素
CF24	项目现场条件	一般因素
CF25	违约惩罚力度	一般因素
CF26	类似国家项目实施经验	国际因素
CF27	东道国与中国的距离	国际因素
CF28	东道国的基础设施条件	国际因素
CF29	当地分包商及供应商的可用性	国际因素
CF30	东道国资源可用性（人力、原材料和设备）	国际因素
CF31	获取在东道国的投标经验	国际因素
CF32	未来在东道国获取更多项目	国际因素
CF33	东道国与中国的双边关系	国际因素
CF34	东道国政治稳定性	国际因素
CF35	汇率波动	国际因素
CF36	东道国通货膨胀率波动	国际因素
CF37	东道国法律体系的成熟性及可靠性	国际因素
CF38	政府效率/腐败/贿赂	国际因素
CF39	东道国治安状况	国际因素
CF40	东道国与中国在文化上的差异性	国际因素
CF41	语言障碍	国际因素

注：CF表示确认后的因素。

7.2.3 问卷发放

根据中国对外承包工程商协会提供的一份关于中国国际工程承包商的资信评级清单，得出截至 2018 年 2 月清单中承包商的数量为 304 个。其中，参加资信评级的承包商基本满足近 2 年拥有国际工程承包业务的要求。本调研问卷在中国施工企业协会的帮助下，通过电子邮件（E-mail）发给 304 家承包商自行指定的经营部经理或项目经理。问卷的发放自 2018 年 5 月开始，至 2018 年 9 月结束，历时 4 个月。

为确定收集的问卷数量具有代表性，需要确定具有代表性的统计样本数量。本章采用 Kish 公式计算样本数量[134]，该方法被广泛用于确定统计样本的数量[108][135]，计算公式如下：

$$n = \frac{m}{1+\frac{m}{N}} \tag{7-1}$$

式中，n 表示特点总体下的样本数量；N 表示总体数量；m 表示不确定总体下的样本数量，其按以下公式进行计算：

$$m = \frac{S^2}{V^2} = \frac{0.5 \times (1-0.5)}{0.05^2} = 100 \tag{7-2}$$

式中，V 表示总体样本的标准差，在本章中将置信度设为 95%，则 V 值为 0.05；$S^2 = P(1-P)$，S^2 表示总体样本的标准误差方差。Kish 推荐 $P=0.5$ 是比较"安全"的选择。将相关的参数值代入式（7-1）和式（7-2），可以计算出所需要的具有代表性的样本数量为 75 个，如式（7-3）。

$$n = \frac{m}{1+\frac{m}{N}} = \frac{100}{1+\frac{100}{304}} \approx 75 \tag{7-3}$$

7.3 研究技术与方法

7.3.1 投标/不投标决策重要影响因素的确定

为确定不同影响因素对投标决策影响的相对重要性，本章采用广泛应用的相对重要性指标（RII）。根据式（7-4）计算相对重要性指标。

$$RII = \sum_{i=1}^{5} \frac{i \times n_i}{5 \times N} \tag{7-4}$$

式中，RII 表示某个因素的相对重要性指标，i 表示调研对象对影响因素的评分等级（$1\leqslant i \leqslant 5$）；n_i 表示所有样本中评分等级为 i 的样本数量，N 表示总样本数量。

RII 的值位于 0 和 5 之间。所有因素根据 RII 值的大小按降序排列（指标值从大到小）。当出现多个因素的 RII 值相同时，则根据各个要素评分值的方差来确定，方差小的因素排在前面[137][138]。同时，为确定投标/不投标决策的重要影响因素，本章采用式（7-5）确定重要影响因素的阈值[139]。根据式（7-5）的计算结果可知，本章重要因素的阈值为 3。

$$(1+2+3+4+5) \div 5 = 3 \qquad (7-5)$$

7.3.2 投标/不投标决策影响因素重要性认知差异分析

本章主要从企业规模及其主营业务范围两个维度分析不同类型承包商对决策影响因素重要性认知的差异。首先从因素的重要性排序方面进行分析。为简化对排序差异的分析，仅对关键影响因素在不同类型承包商之间进行对比。关于关键影响因素的界定，采用文献[140]推荐的方法进行。根据帕累托原则（即 20% 的原因产生 80% 的结果），将重要性排列前 20% 的影响因素作为关键因素。因素重要性排序的差异仅反映不同类型承包商对因素重要性认知的相对差异，进一步探寻不同类型承包商关于因素重要性认知的绝对差异。为确定不同类型承包商关于投标决策影响因素重要性认知的绝对差异，通过构建 2 组假设来检验差异是否存在。

$H1_0$：不同规模的承包商关于投标/不投标决策影响因素重要性的认知不存在显著性差异。

$H2_0$：不同主营业务范围的承包商关于投标/不投标决策影响因素重要性的认知存在显著性差异。

以上两个假设的检测方法的确定取决于样本数据的分布类型。如果样本服从正态分布，则采用单因素方差分析（One-way ANOVA Test）[100]，否则采用非参数检验的方法分析[103][135]。样本的分布类型根据 Kolmogorov-Smirnov 检验来确定，如果各个变量的显著性水平小于 0.05，则表示相应的变量不服从正态分布[137]。如果样本不服从正态分布，检验 2 组假设的非参数检验方法采用 Kruskal-Wallis H 检验，检测显著性水平采用广泛使用的值 0.05[103][135]。当检测得出的显著性水平小于 0.05 时，即认为假设成立，否则认为假设不成立。

以上两种差异分析，不管是相对重要性差异还是绝对重要性差异，均从局部角度分析因素的重要性差异。此外，本章运用 Spearman 排序相关系数从总体角度分析不同类型承包商对因素重要性排序的偏好的关联。

7.4 样本数据一般情况分析

调研问卷共发出 304 份，共回收 125 份，回收率为 41.1%。其中有 6 份问卷作为无效问卷被删除，5 份问卷关于所有因素重要性的评分完全相同，1 份问卷由网络问卷显示在极短的时间内完成答复（明显低于合理的时间）。因此，最终的有效问卷数量为 119 份，该数量明显超过前文计算得出的具有代表性的样本数量 75 份的要求。此外，本次调研的有效问卷回收率为 39.14%，该比例大于文献[107]推荐的 20%~30% 的合理回收率。因此，本书的问卷回收率满足后期数据分析的要求。

由于本书很大一部分研究内容是根据问卷的样本数据进行分析的，因此在数据分析前对问卷的内部一致性进行检测显得十分必要。样本的可靠性水平通常采用 Cronbach α 系数进行检测。当 Cronbach α 系数大于或等于 0.7 时，一般认为是比较合适和可靠的[141]。本章运用 SPSS 18.0 对调研问卷的信度进行分析，得出所收集样本的 Cronbach α 系数为 0.943，大于指定的 0.7 的值，故说明收集的调研样本是可靠的。

问卷对象个人及企业的相关分布情况见表 7.4。接近 85% 的调研对象具有 5 年以上的海外工程经验，且绝大多数调研对象为投标经理（58%），从而表明收集的问卷所反映的投标决策问题具有一定的权威性。调研对象的国际工程经验主要来自发展中国家（高达 91.6%），这与我国工程企业 ENR 250 的海外营业收入的分布基本一致（2018 年 ENR 统计我国承包商海外营业收入的 95.37% 来自发展中国家），因此调研对象反映出的决策经验、理念和思想主要是以发展中国家为背景。在企业类型分布方面，73.9% 的企业属于大型企业，该分布体现出当前大型企业是我国国际工程承包业务的主导者[8]，且绝大部分企业从事的主要业务为建筑和基础设施。调研问卷反映的情况与我国工程企业的分布情况基本一致，说明本章的调研数据具有较高的可信度。此外，由于小型企业的样本数量较少，不能有效反映其决策特点，因此在下文的数据分析中将中型企业与小型企业合并为中小型企业。

表 7.4 问卷调研对象个人及企业的一般分布情况

类型		问卷对象	
		频次	所占比例
国际工程经验年限	>15 年	28	23.5%
	10~15 年	29	24.4%
	5~10 年	44	37.0%
	<5 年	18	15.1%
当前从事的职位	投标经理	69	58.0%
	项目经理	50	42.0%
所经历的国际工程所属东道国类型	发达国家	7	5.9%
	发展中国家	109	91.6%
	二者兼有	3	2.5%
企业规模（百万元人民币）	大型企业：>800	88	73.9%
	中型企业：60~800	26	21.8%
	小型企业：3~60	5	4.2%
主营业务类型	建筑	44	37.0%
	工业	29	24.4%
	基础设施	46	38.7%

注：1. 企业规模类型按照国家统计局公布的标准进行分类；2. 工程类型按照ENR的分类法进行调整，建筑指一般建筑，工业包括制造和石油化工，基础设施包括交通、电力、通信、供水、污水处理及有害物处理。

7.5 影响因素的数据分析与讨论

7.5.1 投标/不投标决策影响因素重要性分析

从样本总体而言，投标/不投标决策影响因素的 RII 值变化范围为 3.025~4.731（见表 7.5），说明总体上所有决策影响因素均是重要影响因素。从承包商规模的角度看，大型承包商仅认为"东道国与中国的距离（CF27）"不是重要因素，其 RII 值小于3（见表 7.5）。同样，从承包商主营业务范围的角度看，主营基础设施项目建设的承包商也认为"东道国与中国的距离（CF27）"是不重要的因素（见表 7.8）。关于最重要的影响因素，除中小型承包商外，无论是承包商总体还是各个类型的承包商，均认为"项目资金的可靠性（CF21）"是最重要的因素（$RII=4.731$）。

本章确定的41个潜在影响因素中，除"东道国与中国的距离"外，均被确认为重要的影响因素。"东道国与中国的距离"被部分类型的承包商认为不重要以及所有类型的承包商认为其重要性排名最后，该结论与众多研究结论相一致。文献[118]指出，地理距离并不是影响国际工程市场进入决策的重要因素。通信技术及物流技术的高质量发展，消除了传统国际工程存在的距离障碍[40][43][142]。因素"项目资金的可靠性"被识别为影响国际工程投标/不投标决策最重要的因素，该结论与部分关于国内工程投标/不投标决策的研究结论相一致[105][108][109][111][115][117][231]，这类研究主要集中于发展中国家。该结论与其他部分关于国内工程投标/不投标决策的研究结论相背离[96][106]，这类研究主要集中于发达国家。该结论在一定程度上反映出中国国际工程承包商涉足的国际工程市场主要分布于发展中国家。项目资金来源的可靠性在发展中国家之所以重要，主要是因为项目资金的可靠性直接影响在项目实施阶段项目进度款能否按时支付，如果不能按时支付则可能直接给承包商带来危机。发展中国家大多数项目完全或部分通过国际金融机构进行融资，金融机构贷款不能准时到位或缺口资金不能及时解决均会对项目进度款的支付产生极大的负面影响。项目资金来源方面存在的问题可能造成承包商商业上的失败[146]。文献[147]指出，项目资金来源方面的失误已成为工程企业破产倒闭最突出的问题。

7.5.2 不同规模承包商关于影响因素重要性认知差异分析

7.5.2.1 不同规模承包商关于因素重要性排序差异分析

根据表7.5所示的因素重要性排序可知，不同规模承包商之间关于部分影响因素重要性的排序存在较为明显的差异。为简化分析，本章主要对不同类型的承包商针对关键影响因素的排序差异进行对比。根据帕累托原则，重要性排序前8位的因素为关键因素（$41×20\%≈8$）。大型承包商关于关键因素的重要性排序与承包商总体的排序基本相同，主要原因为大型承包商是中国国际工程承包商的组成主体。大型承包商与中小型承包商确认的关键因素有所区别。4个因素"资金来源可靠性（CF21）""东道国政治稳定性（CF34）""业主身份（CF14）"和"违约惩罚力度（CF25）"被不同规模的承包商均列为关键因素，说明这些因素对不同规模的承包商都很重要。其余4个因素对大型承包商重要，而对中小型承包商并不重要；反之亦然。

表 7.5 不同规模承包商关于投标/不投标决策影响因素重要性差异分析

因素代码	承包商规模大小								
	总体（$n=119$）			大型（$n=88$）			中小型（$n=31$）		
	RII	SD	排序	RII	SD	排序	RII	SD	排序
CF21	4.731	0.822	1	4.727	0.562	1	4.742	0.514	2
CF34	4.605	0.902	2	4.534	0.642	2	4.806	0.402	1
CF14	4.437	0.877	3	4.432	0.691	3	4.452	0.624	3
CF25	4.328	0.843	4	4.307	0.748	4	4.387	0.761	8
CF35	4.319	0.756	5	4.307	0.876	5	4.355	0.755	11
CF23	4.294	0.624	6	4.295	0.681	6	4.290	0.588	15
CF39	4.286	0.762	7	4.261	0.719	8	4.355	0.755	12
CF36	4.286	0.877	8	4.284	0.802	7	4.290	0.783	17
CF20	4.269	0.825	9	4.261	0.809	9	4.290	0.693	14
CF09	4.261	0.753	10	4.216	0.780	12	4.387	0.667	6
CF10	4.252	0.739	11	4.193	0.771	14	4.419	0.620	4
CF06	4.244	0.759	12	4.239	0.643	11	4.258	0.575	18
CF11	4.244	0.802	13	4.205	0.790	13	4.355	0.661	9
F13	4.235	0.672	14	4.182	0.810	15	4.387	0.667	7
CF05	4.235	0.778	15	4.250	0.731	10	4.194	0.833	22
CF22	4.218	0.785	16	4.148	0.751	18	4.419	0.620	5
CF15	4.168	0.825	17	4.170	0.776	16	4.161	0.820	23
CF08	4.143	0.783	18	4.091	0.768	20	4.290	0.739	13
CF17	4.118	0.753	19	4.080	0.776	22	4.226	0.805	21
CF33	4.118	0.791	20	4.057	0.927	24	4.290	0.864	16
CF24	4.118	0.802	21	4.034	0.686	25	4.355	0.755	10
CF32	4.134	0.935	22	4.148	0.736	17	4.097	0.790	28
CF30	4.134	1.138	23	4.091	0.825	21	4.258	0.682	19
CF26	4.076	0.747	24	4.023	0.884	27	4.226	0.617	20
CF37	4.076	0.885	25	4.091	0.753	19	4.032	0.752	32
CF01	4.050	0.778	26	4.057	0.862	23	4.032	0.706	30
CF03	4.042	0.548	27	4.023	0.844	26	4.097	0.978	26

续表7.5

因素代码	承包商规模大小							
	总体（$n=119$）			大型（$n=88$）			中小型（$n=31$）		
	RII	SD	排序	RII	SD	排序	RII	SD	排序
CF31	4.034	0.656	28	3.989	0.780	30	4.161	0.820	24
CF18	4.034	0.727	29	4.000	0.788	29	4.129	0.846	25
CF02	4.017	0.715	30	4.011	0.864	28	4.032	1.016	31
CF12	4.017	0.731	31	3.989	0.795	31	4.097	0.831	27
CF29	3.992	0.749	32	3.966	0.734	32	4.065	0.727	29
CF19	3.882	0.913	33	3.932	0.841	33	3.742	0.999	37
CF38	3.798	0.600	34	3.739	0.795	34	3.968	0.875	34
CF04	3.723	0.843	35	3.739	0.851	35	3.677	0.832	38
CF07	3.706	0.793	36	3.682	0.904	36	3.774	0.805	36
CF28	3.697	0.750	37	3.602	0.917	37	3.968	0.948	33
CF16	3.672	0.819	38	3.591	0.811	38	3.903	0.831	35
CF40	3.269	0.727	39	3.216	0.864	40	3.419	1.148	39
CF41	3.202	0.945	40	3.216	0.850	39	3.161	1.186	41
CF27	3.025	0.944	41	2.955	1.082	41	3.226	1.283	40

因素"汇率波动（CF35）"被大型承包商认为是第5关键重要的因素，而对中小型承包商而言其排序为第11位，说明该因素对大型承包商更加重要。汇率波动风险在较长时间内对承包商利润的影响是毋庸置疑的，该观点得到众多研究者的认可[131-132]。大型承包商承揽的国际工程项目的规模及复杂程度要高于中小型承包商，其工期一般较长，因此对汇率波动的敏感程度要高于中小型承包商。此外，大型承包商还将因素"合同条件（CF23）""东道国通货膨胀率波动（CF36）""东道国治安状况（CF39）"确定为关键因素，而中小型承包商将这些因素的重要性设定得相对较低。因素"合同条件（CF23）"的重要性与文献[99]得出的国内工程的结论相反。与国内工程相比，国际工程更加复杂且涉及众多来自不同国家的参与者，因此国际工程更容易引起合同争议[148]。由于大型承包商参与的项目的复杂程度及参与方的多样性程度均大于中小型承包商，故其承揽项目发生合同争议的可能性要大于中小型承包商，以致其相对于中小型承包商而言更加重视合同条件。由于国际工程承包商在东道国从事工程建设的时间较长，以致因素"东道国通货膨胀率波动"对项目的建设成本产生较为严重的影

响。文献［123］指出，通货膨胀是对阿拉伯联合酋长国工程市场上的本地和国际工程承包商影响最大的风险因素。因此，该因素被大型承包商列为关键因素的原因与因素"汇率波动"相同。因素"东道国治安状况"被大型承包商列为关键性因素，而被中小型承包商列为非关键性因素，是因为大型承包商常常作为新的国际工程市场的早期进入者，而中小型承包商往往作为跟随型的后进入者[7]。大型承包商已经开拓的市场通常被中小型承包商认为是较为安全的市场。

中小型承包商将因素"企业技术能力（CF10）""招标文件完整程度（CF22）""企业财务能力（CF09）"和"合同类型（CF13）"确定为关键因素，而大型承包商设定这些因素的重要性相对较低。因素"企业技术能力"和"企业财务能力"均反映承包商执行项目的能力水平，文献［99］也指出小型承包商比中型承包商更加重视自身的能力。该结论反映出中小型承包商在解决棘手的国际工程问题的能力方面的自信度要低于大型承包商。关于因素"招标文件的完整程度"的结论与文献［103］相一致，但与文献［99］存在差异。出现该分歧结论的情况可以根据文献［22］的研究结果进行解释，即风险认知受到风险概率的影响大还是风险后果的影响大。对于中小型承包商而言，其风险认知受到风险概率的影响要大于风险后果的影响。相反，对于大型承包商而言，其风险认知受到风险后果的影响要大于风险概率的影响。最后，关于"合同类型"，在文献［99］［103］中均得出大型承包商比中小型承包商更加重视该因素，这与本章得出的结论相反。工程项目合同类型主要可以分为单价合同、总价合同和设计/建造合同[149]，不同的类型对应不同的风险水平。本章研究得出的结论可以理解为不同规模的承包商对应不同水平的风险易损性。中小型承包商的风险易损性相对较低，其比大型承包商对合同类型更加敏感。

7.6.2.2 不同规模承包商关于单因素重要性差异分析

为验证本章 7.3.2 节提出的第 1 个假设，本章采用 Kolmogorov-Smirnov 法检测样本的分布情况，以确定检验不同类型承包商关于因素重要性差异的方法。所有因素的 Kolmogorov-Smirnov 法检测的显著性水平均小于 0.05，说明所有因素的分布均不服从正态分布。由于所有影响因素的样本分布均不服从正态分布，因此本章采用非参数估计方法 Kruskal-Wallis H 检测法来检验不同规模承包商关于影响因素重要性认知的差异。通过统计分析，根据企业规模划分的各组间的 Kruskal-Wallis 值及显著性水平见表 7.6。从承包商的规模角度，大型企业与中小型企业在 4 个影响因素上存在显著性差异，具体因素分别是分包比例（CF16）、项目现场条件（CF24）、东道国的基础设施条件（CF28）和东道国的政治稳定性（CF34）。从总体而言，假设 1 的论点不完全正确，41 个因素中有 37 个因素无显著性差异，承包商之间的认知差异仍然存在。中小型承包商对另外 4 个因素的重要性的认知，其重要性指数和重要性排序均高于大型承包商，说明这4个因素对中小型承包商而言更加重要。这4个因素与项目风险及东道国条件高度关联，从而可以理解为由于不同规模承包商间存在的能力差异，使大型承包商比中小型承包商能够更加自信地处理项目风险和在东道国出现的问题。在文献［108］中，不同规模的承包商在众多因素中存在显著性差异，而在文献［103］中，不同规模的承包商在所有识别的因素中均不存在显著性差异。不同研究结论的差异性可以理解为不同国家的不同规模的承包商的差异化水平不同。

表7.6 不同规模承包商间方差的 Kruskal-Wallis H 分析

因素代码	因素名称	企业规模 KW值	P值
CF16	分包比例	3.131	0.049*
CF24	项目现场条件	4.542	0.024*
CF34	东道国的政治稳定性	5.12	0.033*
CF40	东道国与中国在文化上的差异性	4.004	0.045*
CF41	语言障碍	6.885	0.009*

注：*差异显著性水平为0.05。

7.6.2.3 不同规模承包商关于因素重要性总体排序分析

本章采用Spearman排序相关系数法对不同规模的承包商关于因素重要性排序的总体一致性进行检测，具体的检测结果见表7.7。由Spearman相关系数可知，大型企业与中小型企业关于影响因素的重要性排序是高度一致且显著的（$rho>0.5$，$P<0.5$）。该结论与不同因素重要性差异分析的结论相吻合，即总体上是一致的，但仍存在局部差异。

表7.7 不同规模承包商关于因素重要性 Spearman 排序相关系数

配对组别	Spearman排序相关系数	显著性水平
大型—中小型	0.845	0.000*

注：*相关显著性水平为0.01。

7.5.3 不同主营业务承包商关于影响因素重要性认知差异分析

7.5.3.1 不同主营业务承包商关于决策因素重要性排序差异分析

根据表7.8所示的因素重要性排序可知，不同主营业务的承包商之间关于部分影响因素重要性的排序存在较为明显的差异。4个因素"资金来源可靠性（CF21）""东道国政治稳定性（CF34）""业主身份（CF14）"和"违约惩罚力度

（CF25）"被不同主营业务的承包商列为关键因素，说明这些因素对于不同主营业务的承包商都很重要。其余因素对于不同主营业务的承包商而言存在较大的差异性。

表 7.8 不同主营业务承包商关于影响因素重要性差异分析

因素代码	承包商主营业务								
	建筑（n=44）			工业（n=88）			基础设施（n=31）		
	RII	SD	排序	RII	SD	排序	RII	SD	排序
CF21	4.614	0.722	1	4.724	0.952	1	4.848	0.363	1
CF34	4.568	0.661	2	4.724	0.966	2	4.565	0.620	2
CF14	4.295	0.701	3	4.448	1.030	7	4.565	0.620	3
CF25	4.273	0.872	5	4.448	1.020	8	4.304	0.695	10
CF35	4.114	0.945	16	4.586	1.099	3	4.348	0.875	9
CF23	4.227	0.677	7	4.414	0.960	9	4.283	0.655	11
CF39	4.250	0.719	6	4.379	0.961	10	4.261	0.801	12
CF36	4.159	1.010	12	4.379	1.050	11	4.348	0.674	7
CF20	4.023	0.901	21	4.483	1.040	6	4.370	0.679	5
CF09	4.159	0.745	11	4.517	1.005	4	4.196	0.806	19
CF10	4.182	0.755	9	4.483	1.016	5	4.174	0.739	21
CF06	4.159	0.680	10	4.207	0.887	20	4.348	0.604	6
CF11	4.273	0.758	4	4.310	1.035	14	4.174	0.769	22
F13	4.136	0.734	14	4.207	1.092	22	4.348	0.706	8
CF05	4.227	0.831	8	4.276	0.959	18	4.217	0.758	17
CF22	4.136	0.701	13	4.310	1.043	15	4.239	0.736	16
CF15	4.045	0.861	18	4.034	1.029	30	4.370	0.645	4
CF08	3.932	0.818	26	4.310	1.103	17	4.239	0.603	13
CF17	4.114	0.841	15	3.931	0.987	33	4.239	0.766	15
CF33	4.045	1.010	19	4.207	1.190	23	4.130	0.859	27
CF24	3.955	0.834	25	4.310	0.951	12	4.152	0.666	23
CF32	3.977	0.792	24	4.276	1.013	19	4.196	0.719	20
CF30	4.023	0.901	20	4.172	0.990	24	4.217	0.758	18
CF26	4.000	0.889	23	4.207	1.038	21	4.065	0.800	29

续表7.8

因素代码	承包商主营业务								
	建筑（n=44）			工业（n=88）			基础设施（n=31）		
	RII	SD	排序	RII	SD	排序	RII	SD	排序
CF37	4.000	0.862	22	4.069	0.916	26	4.152	0.759	24
CF01	3.932	0.899	27	4.069	1.115	29	4.152	0.759	25
CF03	3.818	0.971	32	4.310	1.062	16	4.087	0.755	28
CF31	3.909	0.910	29	4.310	0.971	13	3.978	0.715	33
CF18	3.886	0.920	30	3.931	1.031	34	4.239	0.639	14
CF02	3.864	1.047	31	4.069	1.075	28	4.130	0.806	26
CF12	4.068	0.899	17	3.966	1.108	31	4.000	0.699	32
CF29	3.909	0.830	28	4.069	0.931	27	4.022	0.649	31
CF19	3.568	1.020	38	4.103	1.094	25	4.043	0.698	30
CF38	3.727	0.924	34	3.828	0.910	36	3.848	0.788	34
CF04	3.750	0.866	33	3.552	0.946	38	3.804	0.833	35
CF07	3.682	0.883	35	3.862	1.114	35	3.630	0.799	38
CF28	3.591	0.995	37	3.931	0.987	32	3.652	0.994	37
CF16	3.636	0.891	36	3.621	0.941	37	3.739	0.801	36
CF40	3.159	1.140	40	3.448	1.082	39	3.261	0.773	39
CF41	3.250	1.037	39	3.345	0.977	40	3.065	0.904	40
CF27	3.068	1.227	41	3.345	1.246	41	2.783	1.073	41

本章仅对三类不同主营业务的承包商（建筑承包商、工业承包商和基础设施承包商）重要性认知存在较大差异的因素进行分析和讨论。因素"汇率波动（CF35）"被工业承包商认为是第3重要的关键因素，而其他两类承包商认为其是非关键因素。由于工业项目设备采购成本占项目总成本的50%~60%，且这些设备可能会涉及多币种采购的问题，因此汇率风险对采购成本将产生重要影响。因素"潜在竞争者的实力（CF20）"被工业和基础设施承包商确认为关键因素，而对建筑承包商而言为非关键因素。其原因可以理解为，由于工业和基础设施项目一般规模大、技术复杂或资金要求高，因此对承包商的能力要求较高。而建筑项目通常情况下技术难度较小，对承包商的能力要求较低，因此承包商之间的能力差异程度很难体现。因素"承包商财务能力（CF09）"被工业承包商列为第4重要的关键因素，而被其他两种承包商列为较不重要的因素。这主要是由于

工业项目在前期需要投入大量的资金进行制造周期偏长且费用较高的大型设备的订货，除业主拨付的一定比例的预付款外，在第一次进度款支付前承包商可能需要垫付一定量的资金，因此对工业承包商的资金实力有较高的要求。因素"企业技术能力（CF10）"被工业承包商确定为关键因素，而其他类型的承包商列为非关键因素。这说明不同行业的工程的技术复杂程度之间存在差异，工业项目的技术密集性最高，因此对工业承包商而言该因素尤其重要。因素"企业管理能力（CF11）"对于建筑承包商为第 4 重要的关键因素，而其他承包商将其列为非关键因素。该现象反映出一般情况下，建筑企业承揽的工程项目在复杂程度、难度及规模上均小于工业和基础设施项目，因此从事建筑的承包商的能力相对较弱，其对项目管理能力的重视程度更大。最后，因素"潜在变更可能性（CF15）"被主营业务为基础设施的承包商认为是关键因素，而其他承包商将其列为非关键因素。此结论说明基础设施项目主要涉及政府机构的参与，进行项目变更工作的处理难度相对于建筑和工业项目要大，故从事基础设施项目的承包商更加重视项目的变更问题。

7.6.3.2 不同主营业务承包商关于影响因素重要性差异分析

与不同规模承包商之间的检测差异结果类似，不同主营业务的承包商不仅在因素的重要性排序方面存在差异，而且各个因素的 RII 在不同承包商之间也存在差异。所有因素的重要性均值在三种不同主营业务的承包商之间的大小关系为：工业（4.151）＞基础设施（4.092）＞建筑（3.968）。在 41 个因素中，工业有 37 个因素的 RII 大于建筑，基础设施有 33 个因素的 RII 大于建筑，工业有 26 个因素的 RII 大于基础设施。该分析结果反映出不同主营业务承包商在因素重要性方面存在差异，因此不同主营业务的承包商在确定决策时考虑的因素权重也存在差异。

为了进一步验证本章 7.3.2 节提出的第 2 个关于不同主营业务承包商对因素认识差异显著性的假设，本章采用与检验第 1 个假设相同的方法。采用 Kolmogorov-Smirnov 法已检测出样本不服从正态分布，因此需要采用非参数估计的 Kruskal-Wallis H 检测法来检验不同主营业务承包商关于影响因素重要性认知差异的显著性。通过统计分析得出，所有因素的显著性水平（P 值）均大于 0.05，从而验证了前文提出的假设是不正确的，即不同主营业务的承包商关于因素重要性的认知不存在显著性差异。该结论说明当前我国从事国际工程承包业务的企业在经营战略上向多元化方向发展，通常的做法是在原有核心业务的基础上不断拓展新的业务。此外，随着分包、外包和联合体等项目运作模式的广泛应用，业务范围在各类承包商之间的边界显得越来越模糊。

7.5.3.3 不同规模承包商关于因素重要性总体排序分析

与检测不同规模承包商总体相关性的方法相同，Spearman 排序相关系数法也用于对不同主营业务的承包商关于因素重要性排序的一致性检测,其检测结果见表7.9。根据表7.9中的Spearman相关系数可知,主营业务为建筑、工业和基础设施的企业关于影响因素的重要性排序是高度一致且显著的($rho>0.5$,$P<0.5$)。尽管不同主营业务的承包商在因素重要性的认知上不存在任何因素的显著性差异,但任意两种不同主营业务的承包商关于因素重要性排序的一致性要小于不同规模的承包商,说明不同主营业务的承包商关于因素之间的相对重要性差异对排序一致性的影响较大。

表7.9 不同主营业务承包商关于因素重要性Spearman排序相关系数

配对组别	Spearman 排序相关系数	显著性水平
建筑—工业	0.771	0.000*
工业—基础设施	0.710	0.000*
基础设施—建筑	0.808	0.000*

注:*相关显著性水平为0.01。

7.6 本章小结

本章通过文献回顾和访谈识别投标决策的潜在影响因素,并运用调研问卷收集业界关于影响因素重要性的数据。首先,运用相对重要性指标(RII),分析得出41个影响因素对承包商总体而言均是重要的,然后根据RII值的大小及标准差对所有因素进行排序,并运用帕累托原则确定了不同类型承包商视角下的8个关键因素。在此基础上,分别从承包商规模和主营业务的角度分析8个关键因素重要性排序的差异,并对差异产生原因作出相应的解释。其次,根据RII值比较不同类型承包商对单个因素重要性认知的差异,并运用非参数估计方法(Kruskal-Wallis H检测法)验证了差异的显著性。研究得出,不同规模的承包商在4个因素的重要性认知上存在显著性差异,而不同主营业务的承包商对所有因素重要性认知的差异均不显著,这说明不同类型承包商在进行投标决策时需要考虑企业规模的大小。最后,本章运用Spearman排序相关系数法从总体的角度分析不同类型承包商对于认知因素重要程度的一致性,并得出不同类型的承包商在因素重要性排序上存在较高的一致性。尽管不同类型的承包商在重要性排序的认知上存在较高的一致性,但并不是完全一致(一致性系数小于1)。因此,在构建投标/不投标决策模型时,不同类型承包商对因素重要性的认知差异要在模型中得到充分体现,而不是构建适用于所有类型的承包商的通用模型。

8 国际工程项目投标/不投标决策框架构建

8.1 引 言

众多学者对各国的本地承包商的投标决策影响因素进行了广泛的研究，进而确定了数量不一的影响因素清单。然而，在确定影响投标决策的因素之后，投标人面对众多的决策因素仍然很难制定投标决策，其主要原因是确定的投标决策影响因素仅明确了决策的信息输入内容，并未诠释如何根据这些因素得出投标/不投标的结论。决策结果与众多的影响因素之间缺少相互关联，即缺少解释投标决策制定理论的框架。投标决策框架能有效诠释如何对影响因素进行有组织、有目的的评判，进而依据各个决策指标的属性值是否满足投标的期望阈值来判断是否投标。

众多投标决策模型（例如人工神经网络、逻辑回归模型、网络包络技术等）是以大量的历史数据作为构建和训练模型的基础，再通过输入新项目的影响因素的具体信息得出投标决策的预测结果。这类模型仅向决策者提供投标/不投标的决策结果，而不能解释得到相关决策结果的原因和机理。当这些模型得出不能投标的决策结果时，无法向决策者指出原因，以及如何改进以满足投标决策的要求。此外，当前众多工程企业缺乏对历史投标项目的存档机制，因此承包商很难通过回顾过去的投标/不投标决策来分析企业是否参与投标的原因[108]。当前国际工程承包商在国际工程市场普遍采用流动性进入模式[17][7]，与国内工程相比，国际工程承包商在具体东道国的历史投标项目的数量十分有限。对国际工程承包商，尤其是国际工程市场的新进入者而言，采用依据历史数据的决策模型可行性较差[150]。尽管在很多决策模型中，投标决策影响因素通过分组的方式与相关投标决策指标相关联，但这些因素只是简单地根据投标因素的特定分类方法或研究者的主观判断进行分组[99][143][151-154]，与之对应的指标缺乏实际意义。不难得出，在国际工程投标决策的模型研究中，投标决策因素的识别和投标决策指标的确定之间存在理论空缺。

本章的主要目的是弥补国际工程投标/不投标决策知识体系在投标决策框架方面存在的理论空缺，建构实证性的能够解释决策制定机理的国际工程投标/不投标决策框架。

8.2 投标/不投标决策框架的构建

投标/不投标决策属于二元决策问题，投标与不投标之间是两个相互排斥的方案。通常情况下，当承包商设定的所有指标、目的或要求等均得到满足时，即可制定参与投标的决策。而不投标决策的制定则相对简单，因为当承包商设定的诸多指标、目的或要求中的任何一个达不到预期的阈值即可以放弃投标。此外，投标决策对信息量的要求很高，当所有与投标项目相关的信息获取并得到确定后，投标决策才能够制定。实际上，工程项目投标决策是在不完全的信息环境下制定的，在不完全信息环境下进行决策是管理和决策领域的一个重点和难点问题。针对信息不完全的决策问题，处理的方法主要有三种：第一种是增加对信息的获取，第二种是设计出有效的方法处理好信息不完全的问题，第三种是减少对信息的需要量并得出明确的决策结论。本章从不投标的角度来研究投标/不投标决策问题，从而在一定程度上降低对信息量的需求。

为了更明确地阐述投标/不投标决策框架，本章应用故障树技术来描述整个投标决策过程。故障树技术是一种推理分析方法，其理念是在某些场合，分析失败比分析成功更加有效。故障树图通常用来描述系统单元故障与子系统之间的关系，以及以上二者如何结合导致整个系统的故障[155]。在本章的研究中，故障树用来描述不投标决策与子目标（决策指标），以及子目标（决策指标）与投标决策影响因素之间的关系。

以 Chua[156] 提出的标高金决策框架为参考，本章提出的投标/不投标决策框架的结构形式包含 4 个部分：输入、相互关系、决策指标和输出（如图 8.1 所示）。决策框架中的输出是不参与投标，该结论是根据决策指标层的 4 个指标（执行项目的能力、风险易损性、盈利性和中标概率）中的任一指标不能满足承包商的最低期望阈值而确定的。此外，即使 4 个决策指标均满足投标决策者的最低期望阈值，但 4 个指标的总体效应仍不能满足设定的期望值时，那么输出仍然是不参与投标。

8 国际工程项目投标/不投标决策框架构建

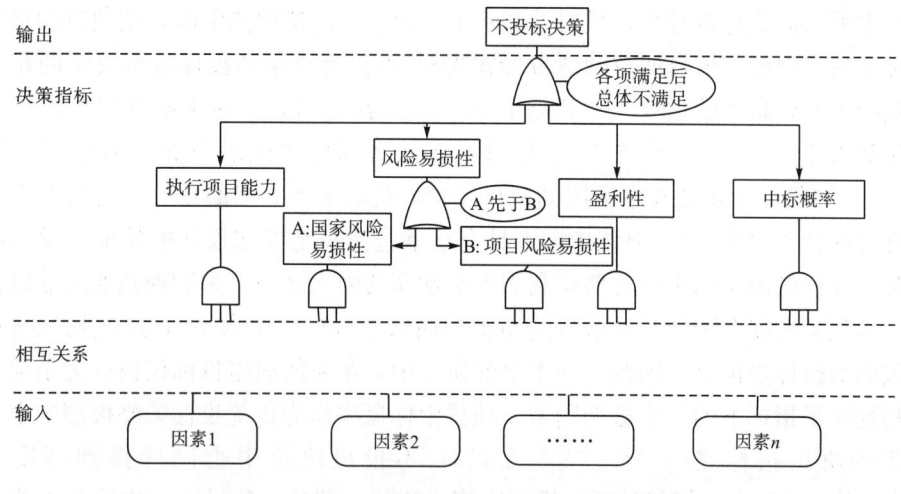

图 8.1 国际工程项目投标/不投标决策框架

投标/不投标决策框架中的决策指标主要根据文献回顾确定。决策指标"执行项目能力"在文献[15][157]中被认为十分重要。风险水平的高低通常通过风险事件发生的概率及风险事件造成的后果来衡量，众多研究[99][153][158][159]将该指标作为判断是否参与投标的关键指标。但是，风险的大小不仅取决于风险发生的概率及其造成的后果的大小，而且与承包商应对和处理风险的能力有关[114][130][160]。客观上相同的风险对能力水平不同的承包商而言是不同的。因此，本章引入"易损性"概念来评判相对于承包商而言风险水平的高低。不同的研究中对"易损性"的定义不尽相同，这里采用Zhang[161]的定义，即易损性水平由风险大小和管理风险的能力确定。由于各类信息的获取时间存在差异，通常东道国相关信息要比项目信息更早地获取，因此本章将风险的易损性分为两类：一类是国家风险易损性，另一类是项目风险易损性。当承包商获取到较为充足的东道国相关信息时，可以评判承包商的东道国风险易损性指标。如果承包商的国家风险易损性属性值偏低，达不到期望阈值，则说明承包商不适合进入该东道国从事工程承包业务。需要加以强调的是，除了国家风险易损性指标，还有其他很多指标（例如市场吸引力、市场竞争程度等）可以用来判断是否应该进入目标市场。本章研究的重点是项目的投标/不投标决策，市场选择决策的其他指标不做具体分析。

利润是所有参与市场活动的承包商获取和执行项目最本原的动机。从项目中获取利润是承包商参与竞标的基本动力，潜在项目的可盈利性越高，承包商的投标热情越高，同时该类项目的竞争也越激烈。基于企业战略层面的考虑，部分承包商在进入新的市场或面对新的具有潜力的客户时，为了在未来获取更多的项目，可能在初次投标的决策中降低期望利润水平甚至略有亏损来获得项目。不论盈利水平高低或是否亏损，只要盈利水平在承包商的期望范围内，则项目就是可以接受的。因此，项目的盈利性目标在投标/不投标决策和投标报价决策的相关研究中均得到高度的重视，尤其是 Han 高度关注在风险影响下的国际工程项目的盈利水平[44][112][128][140][150][162]。尽管众多学者高度关注承包商的战略目标考虑[99][156]（例如：积累在东道国的项目经验，获取未来更多的项目，或与业主建立良好的合作关系等），但该指标不具有让承包商拒绝参加投标的特征。承包商战略目标仅是影响承包商对期望利润水平预期的因素之一，为实现企业的战略目标，承包商可能会降低其对项目的期望利润水平（标高金水平），这些均反映在承包商的投标报价上。因此，在本章的研究中，企业的战略目标仅被认为是项目盈利性水平指标下的一个影响因素。项目中标概率作为传统投标策略模型中十分重要的决策指标之一[84][87][163]，在投标/不投机决策中也同样得到高度重视[15][164]。项目中标仅仅是项目投标决策成功的一部分，项目投标决策是否成功还取决于中标后项目能否成功完成[15]。

决策框架的输入部分是影响决策指标属性值的因素。投标/不投标决策影响因素在本书第 8 章已经被识别。41 个因素数量较多，且缺乏组织性，决策者直接运用这些因素进行决策存在一定的难度。因此，需要对 41 个因素进行分类，分类的方法区别于以往研究中直接根据因素属性进行分类或由研究者主观判断给出分类。本书根据问卷调研获取的样本数据，采用统计分析方法挖掘出决策者对因素潜在的分类方式。

整个投标/不投标决策框架的最后一部分，也是最为关键的一部分，是各个分类因素之间的关联关系。在确定项目投标决策影响因素和决策指标后，最大的问题是如何将投标决策因素与投标决策指标进行有效的关联。项目投标/不投标决策是一个异常复杂的过程，因素与因素之间存在紧密的联系。只有通过揭示各个因素之间的关联关系，才能有效地将决策因素与决策指标进行关联。尽管当前有部分学者已经揭示了部分投标决策指标与决策因素之间的关联关系，但这些关系绝大多数是根据个人的知识和判断主观确定的。为克服主观确定投标决策指标与影响因素之间关系存在的不足，本章将采用实证性的统计分析方法对假设的关系进行验证。

8.3 投标/不投标决策因素分类

8.3.1 研究方法

为了更加客观地反映投标决策者如何有效地组织投标决策影响因素进行投标/不投标决策，本章采用因子分析对投标决策因素进行降维处理，从而实现将众多的影响因素分类为几个内部相互关联因素组的目标。因子分析法通过降维处理将相关性高的变量聚合在一起，不仅便于提取容易解释的特征，而且降低了需要分析的变量数目和问题的复杂性。本书根据第 7 章中国国际工程承包商关于国际工程投标/不投标决策影响因素重要性的调研问卷数据，研究中国国际工程承包商如何组织影响因素进行投标决策。进行因子分析，需要对数据的适合性（Suitability）进行检验。检验数据适合性的方法有两种：一种是 Bartlett 球形度检验，另一种是取样足够度的 Kaiser—Meyer—Olkin（KMO）度量。取样足够度 KMO 系数位于 0 和 1 之间，当该系数大于 0.6 时，即认为样本数据适合采用因子分析。Bartlett 球形度检验的显著性水平需要小于 0.05，才能认为样本数据适合采用因子分析[165]。此外，对于关联矩阵的关联系数还需要满足部分关联系数大于或等于 0.3 的条件[166]。

本章采用主成分分析法进行因子旋转，从而确定利用最少数量的投标决策因素组来代表所有投标决策因素。在进行因子旋转前，参考 Kaiser 的标准，只有特征值大于或等于 1 的因子才会保留。文献［167］指出，采用最大方差正交旋转法过于武断，因为各个因子之间可能存在关联关系而不是完全独立的。因此，本章采用最优斜交法进行倾斜旋转。通过因子旋转最终确定各个因素在不同因子上的负荷，并将因素在因子上的负荷值设置为大于或等于 0.5，表明因素与因子的关联性大。最后，根据因子分析结果中负荷高的因素以及各个因子内各个因素之间的关联关系，对所有因子命名。

8.3.2 数据分析

通过对 119 个有效样本数据进行分析，得出 KMO 检验系数为 0.854，大于推荐的临界值 0.6，说明采用因子分析是合适的。同时，Bartlett 球形度检验的显著性水平为 0.000（小于 0.05），说明检验是显著的，由此可以否定相关矩阵为单位矩阵的零假设，从而得出各个投标决策影响因素之间存在着显著的相关性，详见表 8.1。此外，各个要素之间的关联矩阵中存在大量的大于 0.3 的关联系数。通过以上统计分析的结论可以得出，采用因子分析对样本数据进行分析是可行且合理的。

表 8.1 KMO 检验和 Bartlett 检验

取样足够度的 Kaiser—Meyer—Olkin	度量	0.854
Bartlett 球形度检验	近似卡方	2727.650

根据特征值大于 1 的设定，通过主成分分析法共提取 10 个因子，10 个因子对所有因素的解释率为 67.676%，详见图 8.2。各个因子的解释率具体如下：因子 1，32.583%；因子 2，5.786%；因子 3，5.295%；因子 4，4.777%；因子

5，4.250%；因子6，4.010%；因子7，3.093%；因子8，2.720%；因子9，2.610%；因子10，2.551%。

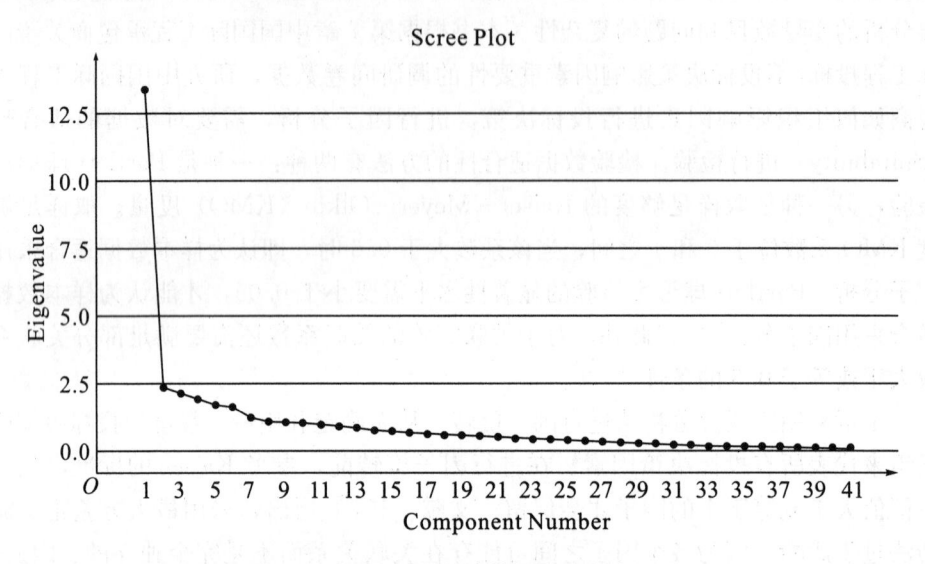

图 8.2　投标/不投标决策影响因素碎石图

通过因子旋转，本章设置仅显示各个因子中因素负荷系数大于0.5的变量，从而得出最后的旋转因子矩阵，如表8.2所示。根据每个因子中负荷最大的因素及因子内各个因素间的相互关系，可以对10个因子做如下理解和命名。

因子1：承包商执行项目能力和项目难度；

因子2：东道国国家宏观风险；

因子3：东道国国家存在的潜在风险；

因子4：项目合同风险；

因子5：项目周边条件存的风险；

因子6：项目招标文件反映的风险；

因子7：项目竞争激烈程度；

因子8：项目难度状况；

因子9：类似项目利润；

因子10：承包商执行项目的其他能力。

表 8.2 旋转因子矩阵[a]

因素	因子 1	2	3	4	5	6	7	8	9	10
企业技术能力	0.788									
企业管理能力	0.706									
企业财务能力	0.692									
类似项目经验	0.649									
获取在东道国投标经验	0.575									
项目的复杂程度	0.542									
业主特殊要求	0.515					0.511				
东道国政治稳定性		0.671								
汇率波动		0.660								
东道国法律体系成熟性及可靠性		0.616								
东道国治安状况		0.610								
东道国通货膨胀率波动		0.607								
语言障碍			0.794							
东道国与中国在文化上的差异性			0.747							
东道国与中国的距离			0.663							
东道国与中国的双边关系			0.528							
政府效率/腐败/贿赂			0.505							
项目预付款比例				0.785						
业主身份（类型及信誉）				0.629						
潜在变更可能性				0.526						
违约惩罚力度				0.524						
东道国资源可用性					0.757					
项目现场条件					0.629					
东道国基础设施条件					0.621					
企业对项目需求程度					0.522					
项目投标期限						0.645				

续表8.2

因素	因子 1	2	3	4	5	6	7	8	9	10
招标文件完整程度						0.620				
合同类型						0.612				
合同条件						0.582				
潜在竞争者实力							0.805			
期望竞争者数量							0.746			
项目规模								0.775		
工程类别（建筑、工业和基础设施）								0.724		
项目工期								0.569		
过去类似项目利润									0.681	
类似国家项目实施经验	0.517									0.581
企业当前工作负荷										0.514

注：提取方法：主成分分析法；
旋转方法：Kaiser 标准化最优斜交旋转法；
a—旋转在 9 次迭代后收敛。

8.3.3 因子分析结果讨论

通过对10个因子进行分析，得出所有因子基本反映出中国国际工程承包商进行国际工程投标决策时考虑的主要方面，但部分因子中存在因素与因子主体之间反映内容不一致的情况。此外，文献［166］指出，当有些因子只有一个或两个变量时，需要对因子组成进行调整。因子分析是对因子进行粗略的分组，后续结构方程模型还需对因子与因素间的关系进一步验证。因子分析反映出承包商进行决策时考虑到的主要方面，对以上10个因子略做调整，实现因子内各要素所反映的内容基本一致的目的，为后续的因子与因子之间关联关系的验证做好前期准备。同时，根据调整的因素组反映的内容，将在因子分析中与各因子关联性不高的因素再放入调整后的因素分类中，最后在结构方程测量模型的检验中对关联性不大的因素进行删减。因素分类调整后，共分为6类，详见图8.3。

8 国际工程项目投标/不投标决策框架构建

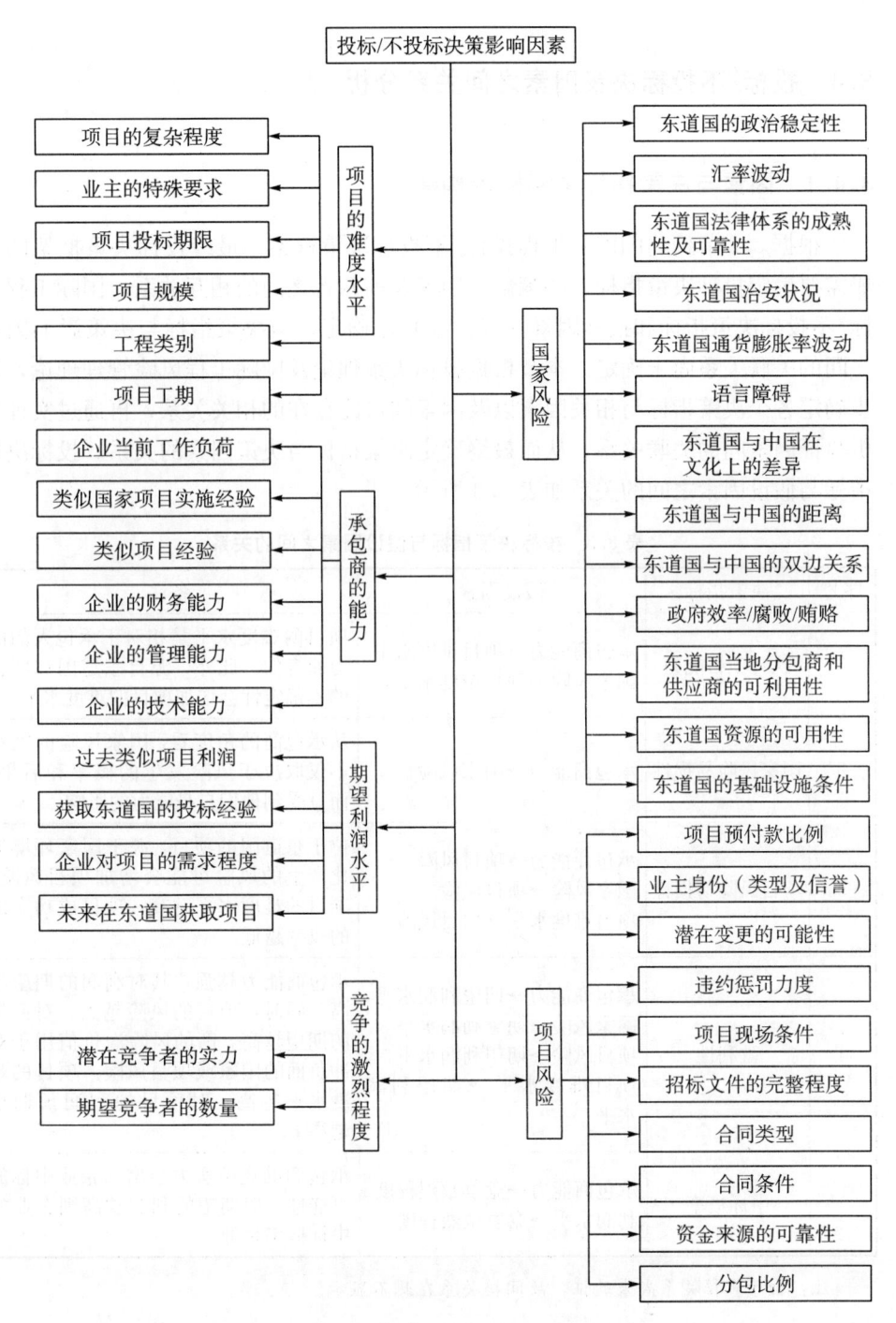

```
投标/不投标决策影响因素
├── 项目的难度水平
│   ├── 项目的复杂程度
│   ├── 业主的特殊要求
│   ├── 项目投标期限
│   ├── 项目规模
│   ├── 工程类别
│   └── 项目工期
├── 承包商的能力
│   ├── 企业当前工作负荷
│   ├── 类似国家项目实施经验
│   ├── 类似项目经验
│   ├── 企业的财务能力
│   ├── 企业的管理能力
│   └── 企业的技术能力
├── 期望利润水平
│   ├── 过去类似项目利润
│   ├── 获取东道国的投标经验
│   ├── 企业对项目的需求程度
│   └── 未来在东道国获取项目
├── 竞争的激烈程度
│   ├── 潜在竞争者的实力
│   └── 期望竞争者的数量
├── 国家风险
│   ├── 东道国的政治稳定性
│   ├── 汇率波动
│   ├── 东道国法律体系的成熟性及可靠性
│   ├── 东道国治安状况
│   ├── 东道国通货膨胀率波动
│   ├── 语言障碍
│   ├── 东道国与中国在文化上的差异
│   ├── 东道国与中国的距离
│   ├── 东道国与中国的双边关系
│   ├── 政府效率/腐败/贿赂
│   ├── 东道国当地分包商和供应商的可利用性
│   ├── 东道国资源的可用性
│   └── 东道国的基础设施条件
└── 项目风险
    ├── 项目预付款比例
    ├── 业主身份（类型及信誉）
    ├── 潜在变更的可能性
    ├── 违约惩罚力度
    ├── 项目现场条件
    ├── 招标文件的完整程度
    ├── 合同类型
    ├── 合同条件
    ├── 资金来源的可靠性
    └── 分包比例
```

图 8.3 国际工程投标/不投标决策影响因素分类

8.4 投标/不投标决策因素之间关系分析

8.4.1 因素与决策指标关系模型构建

根据 8.2 节构建的国际工程投标/不投标决策框架，最终投标决策框架的形成需要确定投标决策指标、决策影响因素及前两者之间的相互关系。国际工程投标/不投标决策指标和投标因素（因素组）已确定，但决策指标与决策影响因素之间的关联关系尚未确定。本节根据投标决策理论及国际工程风险管理理论，初步确定各个决策指标与相关因素以及因素间可能存在的相关关系，再通过实证分析验证因素间的关联关系，从而最终确定决策指标与决策因素的关系。投标决策指标与假设因素之间的关系如表 8.3 所示。

表 8.3 投标决策指标与假设因素之间的关系

序号	决策指标	假设因素	备注
1	执行项目能力	承包商能力→项目难度水平 国家风险→项目难度水平	项目的难度水平是相对于承包人的能力而言的。此外，源自东道国和项目的不确定性会增加项目的难度水平
2	国家风险易损性	承包商能力→国家风险	从承包商的角度看，国家风险的大小不仅取决于风险发生的概率和后果，而且受到他们自身能力的影响
3	项目风险易损性	承包商能力→项目风险 国家风险→项目风险 项目难度水平→项目风险	位于东道国的项目，源于国家环境变化产生的风险可能会增加项目风险。项目的难度水平越高，项目成功完成的概率越低
4	盈利性	承包商能力→期望利润水平 国家风险→期望利润水平 项目风险→期望利润水平 项目难度水平→期望利润水平	承包商能力越强，其对利润的期望越高。同时，项目的风险越大，对回报的期望越高。高的风险溢价值用于对冲负面的国家或项目风险。项目的难度水平越高，对项目的利润预期也越高
5	中标概率	承包商能力→竞争激烈程度 利润水平→竞争激烈程度	承包商的竞争实力会增加企业中标的可能性，但期望的利润越高则企业的中标概率越低

注：由于直接关系尚未验证，故间接关系在此不显示。

根据以上假设，这里采用前一章确定的因素组来评估因素组之间的关系。因素组之间的关系如图 8.4 所示。

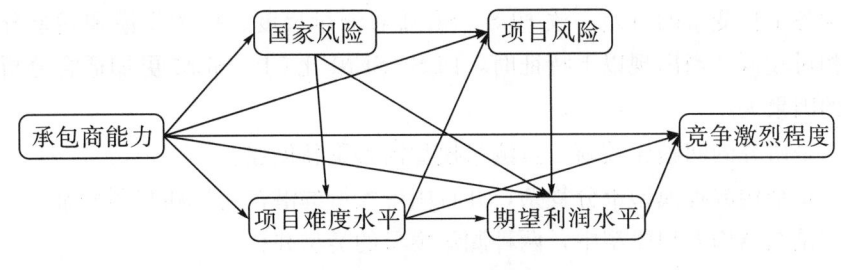

图 8.4 因素组之间的关系

8.4.2 研究方法

本章采用结构方程模型探寻影响投标/不投标决策影响因素之间的关系。结构方程模型被公认为最佳的分析因素间复杂关联关系的统计技术，该技术在工程管理领域得到广泛应用[115][168][169]。作为第二代多元统计技术[170]，结构方程模型可以在同一个结构模型中同时实施确定性因子分析和路径分析。根据结构方程的特点，结合本章研究的问题，运用结构方程模型验证因素间的假设关系是否成立。

8.4.2.1 结构方程模型

结构方程模型是一种根据统计数据和假设的定性因果关系测试和估计变量间因果关系的技术。与第一代多元统计分析技术相比，结构方程模型可以在同一个统计分析模型中同时考虑自变量和因变量组成的多个变量间的关系。此外，结构方程的另一个显著特征是支持潜在变量。由于潜在变量是不可观测的且不能直接度量的，通常采用观测变量或者经验观察的指示变量来估计潜在变量。因此，应用结构方程模型具有构建难以或不可能测量的理论变量的潜力。

结构方程模型分析解决的最主要问题是对模型参数进行优化估计，并根据样本数据确定模型的拟合优度。结构方程模型以变量之间均是线性相关为假设前提。如果模型不能与样本数据匹配，则否定提出的假设模型；反之，则接受提出的假设模型。

8.4.2.2 结构方程模型类型选择

检验结构方程模型中变量间的关联关系的方法有两种：一种是广泛采用的基于协方差的结构方程模型（Covariance-based Structural Equation Modeling，CB-SEM），另一种是偏最小二乘法的结构方程模型（Partial Least Squares-based Structural Equation Modeling，PLS-SEM）。这两种方法的主要区别体现在它们各自的分析目标、潜在的统计假设和拟合统计量的特点上。CB-SEM通常采用极大似然函数来实现样本协方差与理论模型预测的协方差之间差异的最小化，因此观测变量必须服从正态分布。然而，PLS-SEM不是基于协方差，而是减少各个自变量的方差，故 PLS-SEM 对测量尺度、样本规模和残差分布的要求相对较低。当出现以下特征时，PLS-SEM 比 CB-SEM 更加适合分析变量之间的因果关系[171-172]：

一是研究的问题比较新，且测量模型需要重新创建。

二是结构方程模型十分复杂，并且附带大量的潜在变量和观测变量。

三是在结构方程模型中，两种测量模型的类型并存。

四是样本规模、相互独立性及正态分布等条件达不到要求。

五是更倾向于预测，而非参数估计。

8.4.2.3 测量模型类型选择

结构方程模型的一大特色是可以处理与潜在变量有关的问题，潜在变量不能直接测量或观测，须通过测量模型中一个及以上的观测变量进行度量。通常，测量模型中的变量类型有两种：一种是反映性观测变量，另一种是确定性观测变量。

反映性观测变量被认为是潜在变量产生影响的结果，或者说潜在变量引起或形成观测变量[171]。在一个测量模型中，所有观测变量的度量与潜在变量相同。当潜在变量发生变化时，所有的观测变量也随之发生变化。因此，所有的观测变量之间应是正向相关的。反之，确定性观测变量被认为是引起或形成潜在变量的原因[171]。确定性观测变量可以看作原因变量，反映潜在变量形成的条件。由于确定性观测变量与潜在变量不存在直接的因果关系，因此确定性观测变量之间可能存在反向关系。简言之，针对同一个潜在变量的多个确定性观测变量之间不一定存在相关关系。关于测量模型的选择，目前尚未有明确的划分界限来确定应采用反映性测量模型还是确定性测量模型。

8.4.2.4 国际工程投标/不投标决策因素结构方程模型

在第 7 章中，获取的有效样本数为 119 个，小于文献［172］要求的最小数量 200 个，不满足文献［173］要求的观测变量与样本数为 1∶5 的要求。同时在检验不同类型的中国国际工程承包商考虑投标决策因素的重要性差异时，通过 Kolmogorov-Smirnov 检测出样本数据不服从正态分布。根据 CB-SEM 与 PLS-SEM 对比分析的结果，本章采用 PLS-SEM 作为结构方程的分析方法。

PLS-SEM 是由结构模型与测量模型组成的。测量模型的潜在变量为前一节因素分类的各个因素组，观测变量则为各个因素组下的投标/不投标决策影响因素；结构模型由 6 个因素组组成，各个因素组的关联关系详见图 8.5。关于测量模型的类型选择，一方面 6 个因素组根据因子分析确定，另一方面各个因素组均代表各组内所有因素共同的重要性，每个因素的重要性可以看作是由所在因素组的重要性引起，从而可以判断本章构建的结构方程模型中的测量模型均为反映性的测量模型。根据以上分析，构建出国际工程投标/不投标决策因素关系的初始结构方程模型（如图8.5所示）。

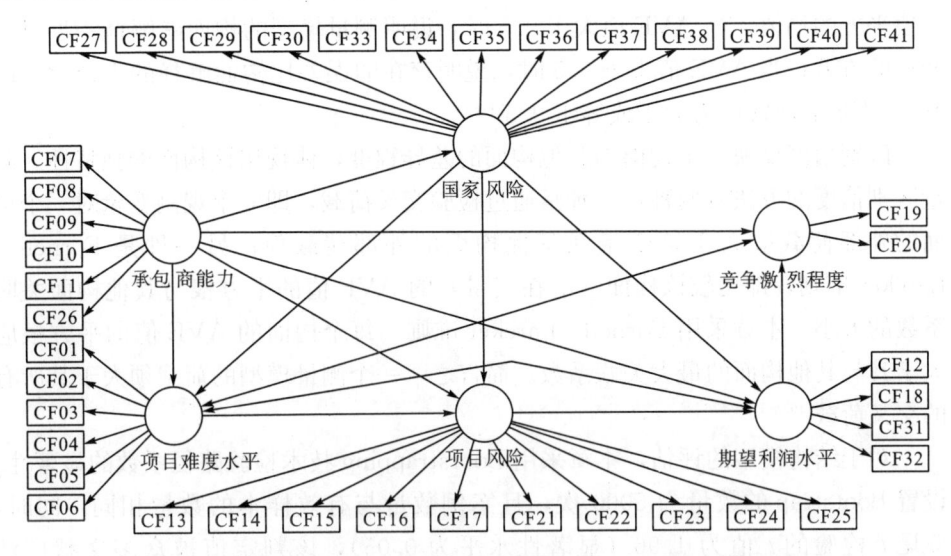

图8.5　国际工程投标/不投标决策因素关系的初始结构方程模型

结构方程模型的评估需要完成2个步骤的检测工作：首先进行测量模型的检测，其次进行结构模型的检测。反映性测量模型的评估需要完成4个步骤的检测工作：①内部一致性可靠性检验；②观测变量的可靠性检验；③收敛效度检验；④区别效度检验[168][174][175]。

传统测量变量间内部一致性的指标为Cronbach α值，本节介绍的方法假设所有的变量是同等可靠的，而PLS-SEM根据各个变量的可靠性程度进行排序，即变量之间的可靠性不相等。此外，Cronbach α值法对变量的数量较为敏感，且通常会低估变量的内部一致性，因此该方法通常作为测量变量内部一致性的保守方法。针对Cronbach α值法存在的局限性，组合信度用于检验测量模型内各个观测变量之间的内部一致性。组合信度值位于0和1之间，通常值越大表示信度越高。组合信度值为0.6~0.7，在探索性研究中基本可以接受；在更高阶段的研究中，组合信度值为0.7~0.9表明是很满意的；而该值大于0.9的情况并不是所期望的，因为观测变量反映的是同一个现象[174]。

对于观测变量的可靠性检测，采用观测变量的外部荷载值来进行。当观测变量的外部荷载值小于0.4时，说明该变量不可靠，则直接从模型中删除该变量；当观测变量的外部荷载值大于0.7时，说明变量可靠，则该变量直接保留在模型中；当观测变量的外部荷载值为0.4~0.7时，如果删除该变量，整个测量模型的平均方差提取值（Average variance extracted，AVE）可以增加并达到设定的临界值，则说明变量不可靠并删除该变量，如果删除该变量，整个测量模型的

AVE 未增加至超过设定的临界值,则仍保留该变量[168][174]。

AVE 用于评估收敛信度,该指标被定义为同一构面下所有观测变量外部荷载值平方的均值。当 AVE 值大于 0.5 时,说明测量模型的构面能解释一半以上变量的方差;当 AVE 值小于 0.5 时,说明存在的误差比构面解释的方差大。因此,AVE 值通常设为大于或等于 0.5[174]。

区别信度反映一个构面与其他构面的差异程度,体现出该构面的独特性。测量区别信度的方法有两种:一种是通过检验交叉荷载,即一个观测变量对一个构面的外部荷载应大于该变量在其他构面的外部荷载值;另一种是 Fornell-Larcker 准则,即比较该构面(潜在变量)的 AVE 值的平方根与其他构面关联系数的大小。本章采用 Fornell-Larcker 准则,每个构面的 AVE 值的平方根应大于其与其他构面的最大关联系数。简言之,一个测量模型的荷载须大于其所有的交叉荷载[168][174-176]。

对于结构模型的评估,本章采用 Bootstrapping 技术检验路径系数的显著性。设置 Bootstrap 的数量为 5000 次,且案例数量与有效样本的数量相同。同时,双尾 t 检验的 t 值为 1.96(显著性水平为 0.05),该判定值被众多文献广泛采用[168][169][174]。

8.4.3 数据分析

尽管 PLS-SEM 相对于 CB-SEM 而言对样本数量的要求较低,但其对样本数量仍有一定的要求。文献[174]指出,根据经验最小样本数量应为指向潜在变量的最大箭头数的 10 倍,本章指向潜在变量的最大箭头数为 4,则最少的样本数量为 40 个,但该方法相对比较粗略。文献[177]提出较为精确的确定样本数量的查询表,根据指向潜在变量的最大箭头数(等同于结构模型和测量模型中最多的自变量数量)、显著性水平和对拟合度的最小要求确定最小样本数量。在本章的初始关系模型中,指向潜在变量的最大箭头数为 4,如果要求的显著性水平为 5%,对拟合度的最小要求为 0.25,且模型具有 80% 的统计功效,则对最小样本数量的要求为 64 个。因此,本章获取的样本数明显大于要求的最小样本数,实施 PLS-SEM 在样本数量上是满足要求的。本章采用 Smart-PLS 3.2.8 对结构方程模型进行评估。

8.4.3.1 测量模型分析

在完成初始结构方程模型构建后,需经过多次迭代性的修改和分析来不断完善模型,构建出与样本数据最匹配且最支持期望理论的最终结构方程模型。初始模型的参数结果显示,所有的测量变量的外部荷载值均大于 0.4,但 3 个潜在变量(项目的难度水平、项目风险和国家风险)的 AVE 值小于 0.5,具体如表 8.4 所示,故不能满足测量模型的效度要求,需对模型进行修改。对 3 个潜在变量下外部荷载值小于0.7的观测变量按照从小到大的顺序进行逐一删除,直至每个潜在变量的AVE值大于0.5为止。通过删除9个观测变量(其中,"项目难度"删除CF01和CF02,"项目风险"删除CF13、CF16和CF21,"国家风险"删除CF27、CF28、CF33和CF41),所有测量模型的AVE值均大于或等于0.5,修正后的测量模型参数详见表8.4、表8.5。

表8.4 初始测量模型信度及效度参数

潜在变量名称	因素代码	因素外部荷载	AVE	CR
项目的难度水平	CF01	0.599	0.442*	0.825
	CF02	0.559		
	CF03	0.665		
	CF04	0.760		
	CF05	0.661		
	CF06	0.725		
项目风险	CF13	0.561	0.452*	0.891
	CF14	0.710		
	CF15	0.721		
	CF16	0.640		
	CF17	0.667		
	CF21	0.604		
	CF22	0.752		
	CF23	0.709		
	CF24	0.641		
	CF25	0.696		
承包商的能力	CF07	0.560	0.594	0.896
	CF08	0.705		
	CF09	0.834		
	CF10	0.886		
	CF11	0.873		
	CF26	0.716		
竞争激烈程度	CF19	0.859	0.800	0.889
	CF20	0.925		

续表8.4

潜在变量名称	因素代码	因素外部荷载	AVE	CR
期望利润水平	CF12	0.579	0.537	0.820
	CF18	0.731		
	CF31	0.845		
	CF32	0.752		
国家风险	CF27	0.619	0.438*	0.910
	CF28	0.582		
	CF29	0.735		
	CF30	0.723		
	CF33	0.598		
	CF34	0.646		
	CF35	0.629		
	CF36	0.629		
	CF37	0.717		
	CF38	0.710		
	CF39	0.677		
	CF40	0.728		
	CF41	0.581		

注：*表示AVE值小于0.5。

表8.5 修正后的测量模型信度及效度参数

潜在变量名称	因素代码	因素外部荷载	AVE	CR
项目难度水平	CF03	0.665	0.536	0.821
	CF04	0.760		
	CF05	0.661		
	CF06	0.725		
项目风险	CF14	0.722	0.515	0.881
	CF15	0.739		
	CF17	0.676		
	CF22	0.770		
	CF23	0.706		
	CF24	0.686		
	CF25	0.720		

续表8.5

潜在变量名称	因素代码	因素外部荷载	AVE	CR
承包商能力	CF07	0.560	0.594	0.896
	CF08	0.705		
	CF09	0.834		
	CF10	0.886		
	CF11	0.873		
	CF26	0.716		
竞争激烈程度	CF19	0.859	0.800	0.889
	CF20	0.925		
期望利润水平	CF12	0.579	0.537	0.820
	CF18	0.731		
	CF31	0.845		
	CF32	0.752		
国家风险	CF29	0.744	0.500	0.900
	CF30	0.735		
	CF34	0.677		
	CF35	0.653		
	CF36	0.702		
	CF37	0.766		
	CF38	0.707		
	CF39	0.708		
	CF40	0.664		

此外，由于所有潜在变量的AVE值的平方根均大于其与其他潜在变量的关联系数的最大值，详见表8.6，因此所有潜在变量之间是存在显著区别的。通过以上参数的验证，说明所有的测量模型均具有较好的信度和效度，从而可以对结构模型进行评估。

表 8.6　测量模型区别效度检验

潜在变量	国际风险	承包商能力	期望利润水平	竞争激烈程度	项目难度水平	项目风险
国家风险	0.707*	—	—	—	—	—
承包商能力	0.557	0.771*	—	—	—	—
期望利润水平	0.575	0.625	0.733*	—	—	—
竞争激烈程度	0.425	0.368	0.378	0.894*	—	—
项目难度水平	0.520	0.583	0.529	0.358	0.732*	—
项目风险	0.700	0.598	0.646	0.442	0.598	0.717*

注：*表示潜在变量的 AVE 值平方根。

8.4.3.2　结构模型分析

采用 Bootstrapping 技术确定初始结构模型中各个潜在变量间的路径系数及其 t 检验值，具体如表 8.7 所示。4 个路径系数不显著，其 t 检验值小于 1.96。根据文献［174］中结构模型的调整规则，本章对 4 个路径按照 t 检验值由小到大的顺序逐一删除各个路径。当删除 t 检验值最小的 3 个路径后，结构方程中的所有路径均显示显著。最终，12 个假设路径中的 9 个路径被验证，影响投标/不投标决策的 6 个因素组间的最终关系模型被确定，如图 8.6 所示。

表 8.7　初始结构模型的路径系数及 t 检验值

路径	路径系数	t 值	推断
承包商能力→国家风险	0.557	9.310*	支持
承包商能力→竞争激烈程度	0.236	1.856	不支持
承包商能力→期望利润水平	0.307	3.344*	支持
承包商能力→项目难度水平	0.431	4.008*	支持
承包商能力→项目风险	0.196	2.232*	支持
国家风险→期望利润水平	0.142	1.434	不支持
国家风险→项目难度水平	0.277	2.697*	支持
国家风险→项目风险	0.467	5.390*	支持
期望利润水平→竞争激烈程度	0.237	1.750	不支持
项目风险→期望利润水平	0.308	2.267*	支持
项目难度水平→项目风险	0.243	3.284*	支持
项目难度水平→期望利润水平	0.092	1.109	不支持

注：*显著性水平为 0.05。

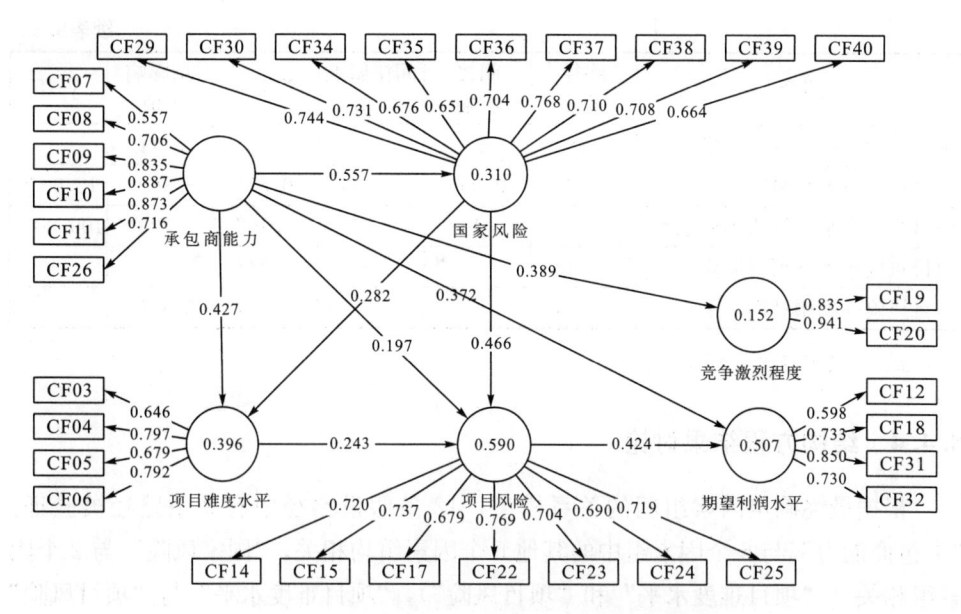

图 8.6 最终投标/不投标因素结构方程模型

为构建投标/不投标的决策框架，根据验证的因素结构方程模型，确定各个因素组间的间接和总体影响系数，具体见表 8.8。在因素关系的方程模型中，共有 11 条路径，其中 5 条路径仅有直接影响系数，2 条路径仅有间接影响系数，4 条路径既有直接影响系数又有间接影响系数。除路径"国家风险"到"项目风险"的间接影响系数外，其他所有的影响系数均显著（t 检验值均大于 1.96）。此外，3 条路径的方差（Variance Accounted For，VAF）位于 20% 和 80% 之间，1 条路径的 VAF 小于 20%。根据文献 [174] 提出的判别规则，当 VAF 小于 20% 时，间接影响可以忽略；当 VAF 位于 20% 和 80% 之间时，认为具有部分间接影响；当 VAF 大于 80% 时，则认为具有全部间接影响。因此，模型中 3 条路径具有部分间接影响，1 条路径的间接影响可以忽略。

表 8.8 因素组间的路径系数

路径	路径系数	间接影响	间接影响 t 值	总影响	总影响 t 值	VAF
承包商能力→国家风险	0.557	—	—	0.557	9.404*	—
承包商能力→竞争激烈程度	0.389	—	—	0.389	4.395*	—
承包商能力→期望利润水平	0.372	0.253	3.694*	0.626	10.196*	40.42%
承包商能力→项目难度水平	0.427	0.157	2.573*	0.584	8.198*	26.88%
承包商能力→项目风险	0.197	0.401	6.462*	0.598	9.255*	67.06%
国家风险→期望利润水平	—	0.227	3.005*	0.227	3.005*	100.00%

续表8.8

路径	路径系数	间接影响	间接影响 t 值	总影响	总影响 t 值	VAF
国家风险→项目难度水平	0.282	—	—	0.282	2.741*	—
国家风险→项目风险	0.466	0.069	1.946	0.535	6.861*	12.90%
项目难度水平→期望利润水平	—	0.103	2.735*	0.103	2.735*	100.00%
项目难度水平→项目风险	0.243	—	—	0.243	3.263*	—
项目风险→期望利润水平	0.424	—	—	0.424	3.975*	—

注：*显著性水平为 0.05。

8.4.4 结构方程结果讨论

根据最终确定因素组间的关系模型，12 条假设路径中有 9 条路径被验证。"承包商能力"与 6 个因素组中的其他 5 个因素组均相关，"国家风险"与 2 个因素组相关（"项目难度水平"和"项目风险"），"项目难度水平"与"项目风险"相关，"项目风险"与"期望利润水平"相关。在 6 个因素组中，"承包商能力"对其他因素组的影响最为广泛，该结论与文献 [115] 相一致，文献指出承包商自身的特征是影响项目成败最主要的因素。同时，文献 [178] 强调组织系统和工人的投入是影响项目执行情况最重要的因素。因此，在国际工程市场的激烈竞争中，国际工程承包商应不断提升自身的能力。

路径"承包商能力→国家风险"说明对承包商而言，国际工程的国家风险大小不仅取决于风险发生的概率及后果，而且取决于承包商影响国家风险的能力。国家风险大小是相对于承包商能力而言的。邓小鹏[130]验证了国际工程项目的政治风险易损性取决于风险暴露因素和系统的能力，该结论还得到其他相关研究的支撑[119][160][179]。该结论的原理同样可以用来解释路径"承包商能力→项目风险"，即项目风险大小是相对承包商的能力而言的，其大小不仅取决于风险事件发生的概率及后果，而且取决于承包商应对风险的能力。路径"承包商能力→项目难度水平"表明项目能否成功执行是由项目的难度水平及承包商能力决定的，该结论与文献 [22][113][180] 的观点一致。对于国际工程，承包商在进行工程项目难度水平的评估时，需要考虑国家风险对项目难度水平的强化效应，因为国家风险对路径"承包商能力→项目难度水平"的中介效应为 26.88%。值得注意的是，路径"承包商能力→项目风险"的系数明显比路径"承包商能力→国家风险"和路径"承包商能力→项目难度水平"的低，这说明在国际工程中承包商主要关注是否有能力应对项目的国家风险及难度水平。该结论在路径"承包商能力→项目风险"的中介效应中也得以体现，该路径的 VAF 值为 67.07%，说明该路径的总影响系数有 67.07%来自"国家风险"和"项目难度水平"的间接影响。该发现诠释了众多研究关注国际工程项目风险管理的原因，其中"国家风险"的中介效应的比例明显大于"项目难度水平"（0.253∶0.148＝63.09％∶36.91％）。

此外，路径"承包商能力→期望利润水平"反映出期望利润水平受承包商能力的影响。当承包商的技术、管理或融资能力在行业中具有特定的专长，或具有一定的垄断地位时，则该类承包商会期望相对较高的利润水平。该结论与文献[156]的观点相一致，该文指出工程企业在投标中的地位决定了其对标高金偏好的平衡点。此外，期望利润水平还受制于工程企业处理项目风险和难点的能力，该路径40.42％的影响系数源自国家风险、项目风险和项目难度水平的间接影响，从而说明企业处理和应对项目难度和风险的能力越弱，承包商所能获取的期望利润水平越低。路径"承包商能力→竞争激烈程度"说明竞争激烈程度是相对于承包商的能力而言的，投标中项目真正的竞争激烈水平取决于与承包商能力相当或高于竞争对手的比例。在文献[164]建立的多因素逻辑回归模型中，本地承包商的能力和自身的竞争优势是影响项目中标概率的两个重要因素（该模型中共有三个影响因素）。

路径"国家风险→项目难度水平"反映出国际工程项目与国内工程项目之间存在的差异性，国家风险可能会提升国际工程项目执行的难度水平，而国内项目受此影响较少。国家风险因素的轻微变化均有可能造成项目执行难度加大，例如，东道国税务制度、海关清关政策和劳务签证的变动等法律、法规及政府政策的变动。对于路径"国家风险→项目风险"，国家风险会进一步强化项目风险。根据Kim[178]的项目执行状态模型，东道国的条件显著影响项目的执行条件和环境。此外，文献[169]也指出东道国资源的可利用性受到东道国相关风险的影响。尽管国家风险对项目风险还存在间接影响，但由于中介效应不显著，因此国家风险对项目风险仅为直接影响。项目风险还受到项目难度水平的影响，路径"项目难度水平→项目风险"验证了该结论。项目规模、工期长短及项目的复杂程度不仅反映出项目的难度水平，而且在一定程度上反映出项目潜在风险的高低。文献[115]指出，承包商不好的项目执行表现与项目严格的要求紧密相关。路径"项目风险→期望利润水平"反映出普遍接受的观点，风险通过高水平的项目回报率来实现，即高风险意味着高回报的思想。同时，工程管理界的众多文献[149][181-184]基于该思想理论研究风险溢价值的确定方法。

尽管部分因素组之间不存在显著的直接关联关系，但基于已验证的其他因素组间的直接关系，可推断出部分因素组间存在显著的间接关系。以项目风险为中介变量，国家风险和项目难度水平对项目的预期利润水平会产生间接影响，从而说明投标报价中的溢价率最终通过项目风险来体现。值得注意的是，项目预期利润水平与项目竞争激烈程度之间不存在任何关系，说明在投标/不投标阶段期望利润水平不是影响承包商能否中标的重要影响因素。该结论与传统的投标策略模型和标高金确定模型的思想存在明显的差异。该结论可以解释为,在投标/不投标阶段通常采用定性的方法评估项目的潜在利润水平,因此承包商很难构建期望利润水平与中标概率二者之间的关联关系。

8.5 投标/不投标决策框架构建

基于已验证的测量模型和结构模型中的路径关系(直接关系和间接关系),结合表 8.4 中决策指标与因素之间的关联关系,能够最终构建完成国际工程投标/不投标决策框架,具体如图 8.7 所示。根据图 8.7 中决策指标与决策因素的关系可以发现,国际工程投标/不投标决策框架中的每个决策指标所需的信息数量和类型均存在差异。指标"国家风险易损性"与"中标可能性"对信息的需求量最少,均只需要两个因素组。而指标"项目盈利性"对信息的需求量最大,需要 5 个因素组来反映其好坏程度。通常情况下,信息需求量少的指标所需的信息是信息需求量大的指标所必需的,因此投标/不投标决策是一个基于信息量需求不断增加的逐步推进的决策过程。

根据对信息量需要的大小程度及信息获取的难易程度,本书提出了一个多阶段的信息收集和指标评估的投标/不投标决策框架,其决策过程分为 5 个阶段:国家风险易损性→执行项目能力→项目风险易损性→可盈利性→中标可能性(如图 8.8 所示)。尽管指标"中标可能性"所需的信息量相对较少,但在正常情况下参与项目投标者的数量和潜在竞争者的实力的信息在项目开标后才被披露,因此指标"中标可能性"应是最后评估的决策指标。可以发现,因素组"承包商能力"贯穿于 5 个决策指标的评估过程,故承包商自身的实力是投标决策最为根本且最具有主导性的影响因素。

8.6 本章小结

本章研究的主要目标是构建一个具有解释性的国际工程投标/不投标决策框架,旨在将反映投标者决策意图的指标与已识别的投标影响因素有效地集成,进而揭示国际工程投标/不投标决策的制定机理。为实现该目标,结合刺激—本体—反应理论和故障树理论,构建了国际工程投标/不投标决策的概念框架。该框架由 4 部分组成:输出、决策指标、关联关系和输入。基于故障树的决策思想,初步决策框架的输出为不投标决策。通过文献综述,确定了 5 个国际工程投标/不投标决策子目标指标。为实现 5 个决策目标指标与 41 个影响因素相关联,本章分 2 个阶段来完成:首先通过因子分析对影响因素进行推理性分组;其次构

8 国际工程项目投标/不投标决策框架构建

建假设的关联关系，并运用 PLS-SEM 法进行验证。

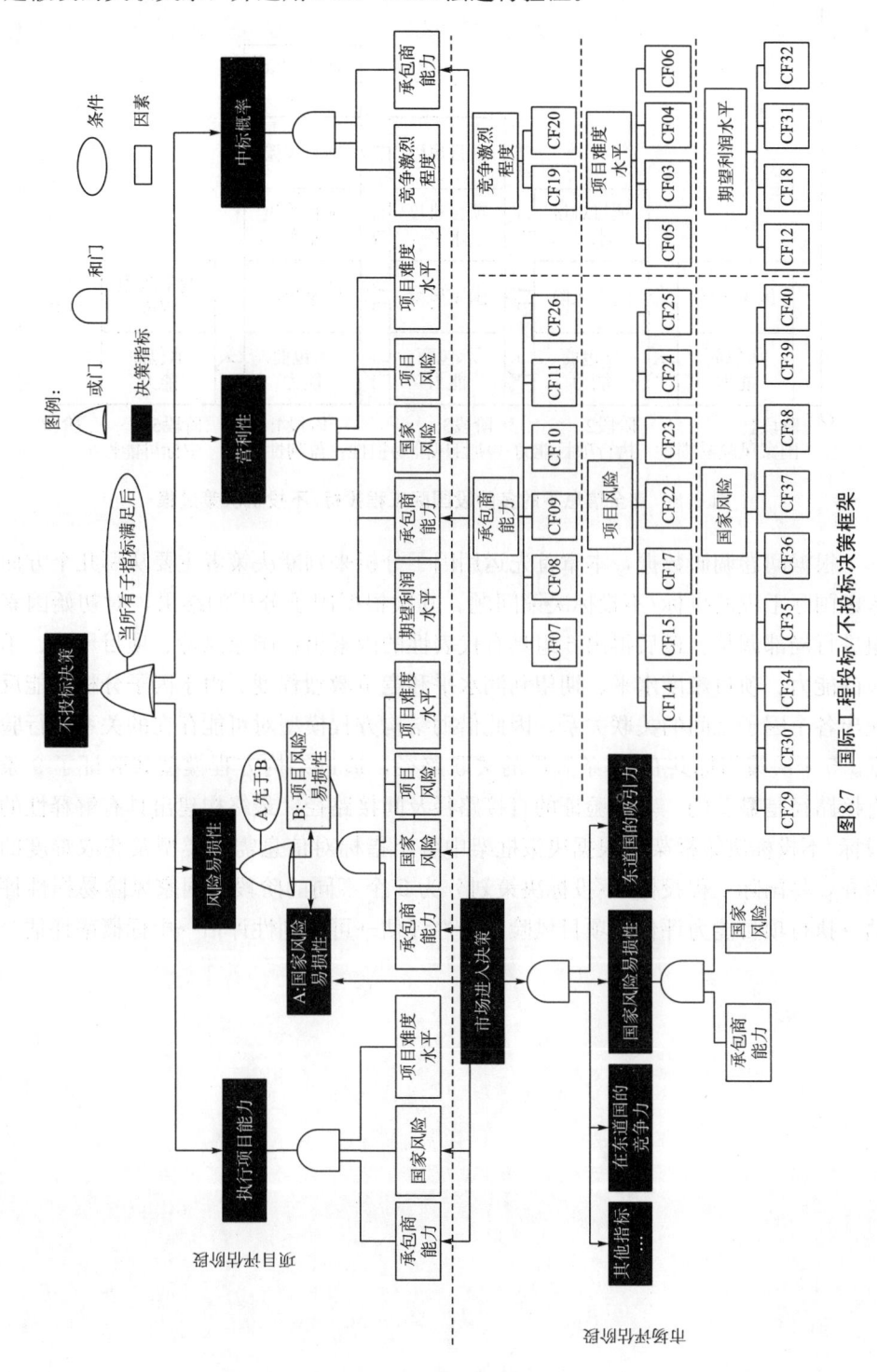

图 8.7 国际工程投标/不投标决策框架

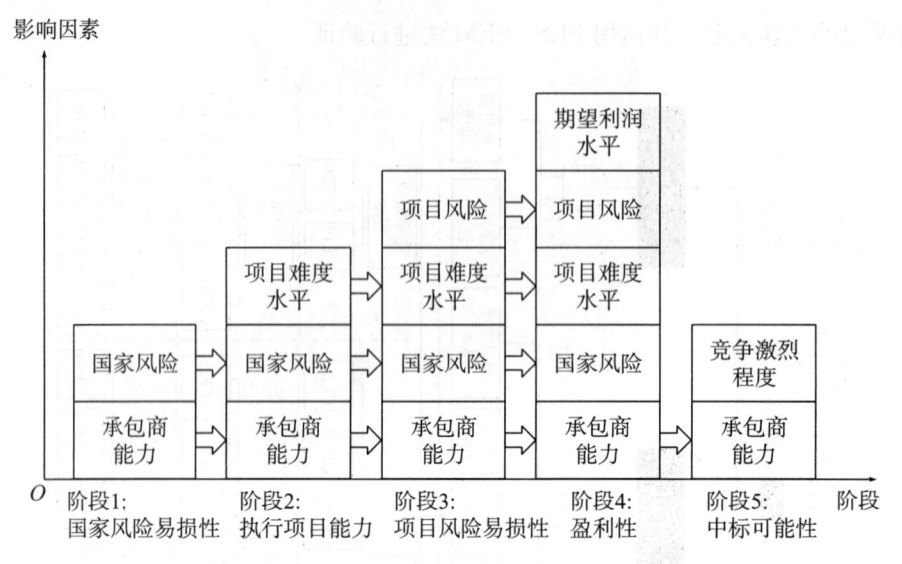

❖ 国际工程中的选择问题：国别市场、进入模式和项目

图 8.8 完全信息下的多阶段国际工程投标/不投机决策过程

根据问卷调研数据，本章首先运用因子分析来判断决策者主要从哪几个方面考虑国际工程的投标/不投标决策问题。其次根据因子分析的结果，对初始因素组进行局部调整。最后得出 6 组具有代表性的因素组：国家风险、项目风险、承包商能力、项目难度水平、期望利润水平和竞争激烈程度。由于因子分析不能反映出各个因子之间的关联关系，因此借助结构方程模型对可能存在的关系进行验证。5 个决策指标共有 12 条假设的关联路径，通过结构方程模型共验证了 9 条直接路径是显著的。基于验证的直接路径及间接路径，最终构建出具有解释性的投标/不投标决策框架。根据决策框架中各个指标对信息需求类型及获取难度的差异，将国际工程投标/不投标决策划分为 5 个不同的阶段：国家风险易损性评估→执行项目能力评估→项目风险易损性评估→可营利性评估→中标概率评估。

9 国际工程项目投标/不投标决策模型构建

9.1 引 言

工程项目投标/不投标决策作为一项复杂的决策过程，采用多属性决策方法辅助决策除需要确定大量影响因素及其关联关系外，还需要确定因素的属性值及其权重。影响因素既有定量因素又有定性因素，且定性因素占绝大多数。定性因素主要通过决策者的知识和经验判断来确定，而决策者由于认知的局限性等原因对定性因素的属性值及其权重的确定存在较大的不确定性。此外，在进行投标/不投标决策时，还存在部分影响因素信息不完全甚至信息完全缺失的情况，部分因素的信息可能直到开标甚至项目实施时才能最终确定。因此，在投标者进行投标/不投标决策时，这类信息是不完全的甚至是空缺的。

针对众多国际工程企业在特定东道国的工程项目历史投标案例数量少，以及企业缺少构建历史投标案例库制度的情况，基于历史数据的人工智能和统计数据分析模型较难适用于解决国际工程投标/不投标决策问题。众多因素属性值的确定离不开决策者的判断，因此多属性决策更适合处理国际工程的投标/不投标决策问题。常规的确定多属性决策的信息处理方法通常假定决策问题是结构化的，信息是充分的，且信息的处理过程是明晰的。但是在很多实际决策问题中，这种情况较少出现，众多决策问题存在很大的不确定性。决策属性及其权重评估的不确定性主要可分为两类：信息不完全性和语言判断的模糊性[185]。尽管模糊理论方法能有效处理定性指标评估存在的语言判断的模糊性问题，然而很难处理指标存在的信息不完全问题。证据理论[186-187]（D-S理论）采用信任结构不仅能有效处理信息不完全的问题，而且可以有效处理问题的模糊性。因此，为有效处理国际工程投标/不投标决策中存在的不确定性，本章拟采用D-S理论建立一种不完全信息条件下的群决策的多属性决策模型。

传统的D-S理论存在一定的缺陷，当合成规则用于高（或接近完全）冲突组合证据时，会出现反直觉问题[188-189]。此外，D-S理论假设每个证据都是完全可靠的，如果存在任何一个证据反对一个命题，无论其他证据如何支持，都会拒绝该命题。在一般情况下，多项证据具有补偿性质，每种证据都起到有限的作用或具有不同程度的可靠性，以支持和反对命题[190]。针对 D-S 理论存在的反直觉问题，Yang[190]通过向各个证据赋予权重，在不改变 D-S 理论证据合成规则的前提下，提出具有强解释性的证据推理（Evidential Reasoning，ER）方法。本章采用证据推理理论解决信息不完全的问题，该方法是对传统 D-S 理论的改进，从而能有效改善多属性投标/不投标决策指标的融合效果。

9.2 证据理论及证据推理（ER）方法的基本原理

证据推理方法是基于决策理论和 D-S 证据理论发展起来的，是一种能有效融合各类不确定、不完整和模糊数据的方法。在介绍 ER 方法的理论前，首先介绍传统证据理论的基本原理。

9.2.1 证据理论

9.2.1.1 证据理论的基本概念

证据理论最早是由 Dempster 提出的[186]，后来由其学生 Shafer 对该理论进一步完善[187]，最终形成正式的理论体系，故该理论又称为 Dempster-Shafer 理论（简称 D-S 理论）。证据理论是一种不确定的推理方法，通过将整个待处理问题分解为若干个子问题，再对各个子问题进行评价和规范化处理，最后运用合成规则得出评价整个问题的总结论。与其他方法相比，证据理论体现出多方面的优势[187]。由于证据理论是 ER 方法的理论基础，下面对证据理论的基本概念和定义作简要介绍。

假设对于某一命题可能存在 N 个相互独立的结论 $\theta_i(i=1,2,\cdots,N)$ 构成的一个有限集合 Θ，即 $\Theta = \{\theta_1, \theta_2, \cdots, \theta_N\}$，称 Θ 为该命题的识别框架（Frame of Discernment）。Θ 中所有可能的集合用幂集合 2^Θ 表示，如果识别框架中有 N 个互斥评论，则 Θ 的幂集合的元素个数为 2^N，如式（9-1）所示。

$$2^\Theta = \{\varnothing, \{\theta_1\}, \cdots, \{\theta_N\}, \{\theta_1, \theta_2\}, \cdots, \{\theta_1, \theta_N\}, \cdots, \Theta\} \quad (9-1)$$

定义 9.1：设 Θ 为识别框架。如果集函数 $m: 2^\Theta \to [0,1]$ 满足：

$$m(\varnothing) = 0, \sum_{A \subseteq \Theta} m(A) = 1 \quad (9-2)$$

则称集函数 m 为识别框架 Θ 上的基本概率分配函数，$\forall A \subset \Theta, m(A)$ 称为 A 的基本可信数（Basic probability number）。$m(A)$ 表示证据支持命题 A 的程度。如果 $A \subseteq \Theta$ 且 $m(A) > 0$，则称 A 为证据的焦元（Focal Element）。

定义 9.2：设 Θ 为识别框架，如果集函数 $m: 2^\Theta \to [0,1]$ 为识别框架 Θ 上的基本可信度分配（BPA），则称由

$$Bel(A) = \sum_{B \subseteq A} m(B) \quad \forall A \subset \Theta \tag{9-3}$$

所定义的函数 $Bel: m: 2^\Theta \to [0,1]$ 为 Θ 上的信度函数（Belief Function），式中 $Bel(A)$ 反映所有 A 的子集的概率总和。

定义 9.3：设 Θ 为识别框架，$Bel: m: 2^\Theta \to [0,1]$ 为 Θ 上的信度函数，则称由

$$Pls(A) = \sum_{A \cap B \neq \varnothing} m(B) \quad \forall A \subset \Theta \tag{9-4}$$

所定义的函数 $Pls: m: 2^\Theta \to [0,1]$ 为 Θ 上的似真函数（Plausibility Function），$\forall A \subset \Theta, m(A)$ 称为 A 的似真度。式中，$Pls(A)$ 表示不否定 A 的程度，其包含所有与 A 相容的那些命题的基本可信度。

信度函数与似真函数之间的关系如下：

$$Pls(A) = 1 - Bel(\bar{A}) \quad \forall A, \bar{A} \subset \Theta \tag{9-5}$$

9.2.1.2 Dempsterd 合成规则

Dempsterd 合成规则是实现将多个证据进行融合的规则。在同一个识别框架下，有来自不同证据的信度函数，在这些证据不完全冲突的情况下，运用证据合成规则计算出一个信度函数，则该信度函数即为多个证据联合作用下的信度函数[187]。

设 Bel_1 和 Bel_2 为同一个识别框架 Θ 下的两个信度函数，m_1，m_2 分别是其对应的基本可信数，m_1，m_2 的焦元分别为 A 和 B。m_1 和 m_2 的合成记为 $m_1 \oplus m_2$，$m_1 \oplus m_2: 2^\Theta \to [0,1]$，且 $C = A + B$，则：

$$[m_1 \oplus m_2](C) = \begin{cases} 0, & C = \varnothing \\ \dfrac{\sum_{A \cap B = C} m_1(A) m_2(B)}{1 - \sum_{A \cap B = C} m_1(A) m_2(B)}, & C \neq \varnothing \end{cases} \tag{9-6}$$

式中，$\oplus$ 表示直和。$\sum_{A \cap B = C} m_1(A) m_2(B)$ 表示两个证据之间的冲突程度，其值越大，表示冲突程度越大。$1 - \sum_{A \cap B = C} m_1(A) m_2(B)$ 表示归一化系数，其作用是将非零的信任赋予空集。

当合成的证据个数大于 2 时，设 Bel_1，Bel_2，$\cdots$，Bel_N 是同一识别框架 Θ

下的 N 个信度函数。如果 Bel_1 和 Bel_2 是可合成的，则 $Bel_1 \oplus Bel_2$ 也是一个信度函数。如果该合成的信度函数与 Bel_3 也可以合成，则 $(Bel_1 \oplus Bel_2) \oplus Bel_3$ 也是一个信度函数。因此，可以以此类推定义 $Bel_1 \oplus \cdots \oplus Bel_N$。

设 N 个证据在同一识别框架下的信度函数分别为 Bel_1，Bel_2，$\cdots$，Bel_N，m_1，m_2，$\cdots$，m_N 为对应的基本可信度分配。如果 $Bel_1 \oplus \cdots \oplus Bel_N$ 存在，则 N 个证据组合的信度函数为：

$$m_\oplus(A) = \begin{cases} 0, & A = \varnothing \\ (1-k)^{-1} \sum_{A_1 \cap A_2 \cap \cdots \cap A_N = A} m_1(A_1) m_2(A_2) \cdots m_N(A_N), & A \neq \varnothing \\ k = \sum_{A_1 \cap A_2 \cap \cdots \cap A_N = \varPhi} m_1(A_1) m_2(A_2) \cdots m_N(A_N), A_1, A_2 \cdots A_N \subset \varTheta \end{cases}$$

(9-7)

式中，k 表示归一化系数。式（9-7）即为多个信度函数合成的 Dempster 规则。

9.2.2 证据推理方法

9.2.2.1 基本评估框架

为便于说明，本书以简单的两级层次决策框架为例进行阐述。设该框架中有一个总属性和多个基本属性，总属性位于决策框架的顶部，基本属性位于决策框架的底部。假设有 L 个基本属性与总属性 y 相关，如图 9.1 所示。关于 L 个基本属性的定义及其权重如下：

$$E = \{e_1, e_2, \cdots, e_i, \cdots, e_L\} \tag{9-8}$$

$$\omega = \{\omega_1, \omega_2, \cdots, \omega_i, \cdots, \omega_L\} \tag{9-9}$$

式中，ω_i 表示第 i 个基本属性的相对权重，且 $0 \leqslant \omega_i \leqslant 1$。权重在证据合成过程中发挥着重要的作用，其可以根据各种已有的方法来确定。针对权重确定存在的模糊性问题，本书在后续章节运用证据推理方法对模糊偏好关系进一步优化，从而提高权重确定的准确性。

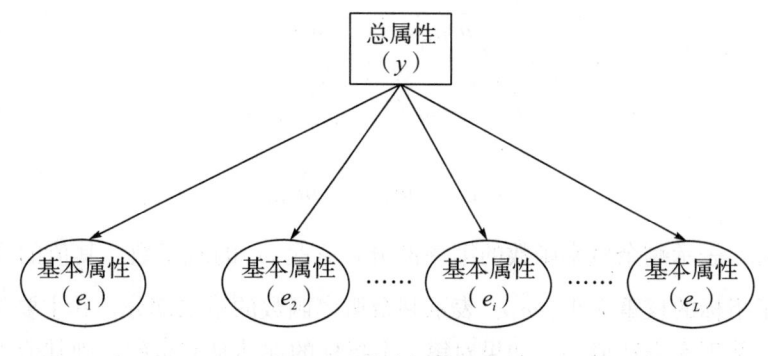

图 9.1 基本评估框架

假设对各类指标的定性评估等级为 N 个，这些等级的评估包含所有可能的评价标准，如下式所示：

$$H = \{H_1, H_2, \cdots, H_i, \cdots, H_N\} \quad (9-10)$$

式中，H_n 表示第 n 个评估等级，通常假设对 H_{n+1} 的偏好（效应）大于 H_n。例如，对于一个 5 级评估标准，$H = \{$很差，较差，一般，较好，很好$\}$，"很好"的效应大于"一般"的效应。因此，对第 i 个指标的评估可以按如下数学表达式进行：

$$S(e_i) = \{(H_n, \beta_{n,i}), n = 1, 2, \cdots, N\}, i = 1, 2, \cdots, L \quad (9-11)$$

式中，$\beta_{n,i}$ 表示第 i 个属性的第 n 等级评估标准的置信度，$\beta_{n,i} \geq 0$，$\sum_{n=1}^{N} \beta_{n,i} \leq 1$。$\sum_{n=1}^{N} \beta_{n,i} = 1$ 是信息完全条件下的评估，$\sum_{n=1}^{N} \beta_{n,i} < 1$ 是信息不完全条件下的评估。当 $\sum_{n=1}^{N} \beta_{n,i} = 0$ 时，表示信息空缺。

9.2.2.2 证据推理方法的证据合成

设 β_n 表示总指标 y 在评价等级 H_n 下的置信度，通过证据推理方法，将所有与总指标相关联的子指标进行合成。设 $m_{n,i}$ 表示第 i 个子指标支持总指标 y 为评价等级 H_n 的基本概率函数。设 $m_{H,i}$ 表示第 i 个子指标未分配给 N 个等级中任何一个等级的剩余概率函数。关于 $m_{n,i}$ 和 $m_{H,i}$ 的计算如下：

$$m_{n,i} = \omega_i \beta_{n,i}, n = 1, 2, \cdots, N \quad (9-12)$$

$$m_{H,i} = 1 - \sum_{n=1}^{N} m_{n,i} = 1 - \omega_i \sum_{n=1}^{N} \beta_{n,i} \quad (9-13)$$

将 $m_{H,i}$ 拆分为两部分，即 $\overline{m}_{H,i}$ 和 $\widetilde{m}_{H,i}$：

$$\bar{m}_{H,i} = 1 - \omega_i \tag{9-14}$$

$$\tilde{m}_{H,i} = \omega_i (1 - \sum_{n=1}^{N} \beta_{n,i}) \tag{9-15}$$

$$m_{H,i} = \bar{m}_{H,i} + \tilde{m}_{H,i} \tag{9-16}$$

式中，$\bar{m}_{H,i}$ 表示剩余概率函数的第一部分，它是 ω_i 的减函数，其值的大小取决于所有子指标的权重大小。$\tilde{m}_{H,i}$ 表示剩余概率函数的第二部分，其主要是由对子指标的评估不完全造成的。如果对第 i 个指标的评估是完全的，则其值为零。

设 $m_{n,I(i)}$ 表示由 i 个子指标合成得到的总指标 y 的概率函数，$m_{H,I(i)}$ 表示由 i 个子指标属性值合成后得到的剩余概率函数，则合成后的概率函数可表示如下：

$$\{H_n\}: m_{n,I(i+1)} = K_{I(i+1)} [m_{n,I(i)} m_{n,i+1} + m_{H,I(i)} m_{n,i+1} + m_{n,i} m_{H,i+1}] \tag{9-17}$$

$$\{H\}: \tilde{m}_{H,I(i+1)} = K_{I(i+1)} [\tilde{m}_{H,I(i)} \tilde{m}_{n,i+1} + \bar{m}_{H,I(i)} \tilde{m}_{n,i+1} + \tilde{m}_{H,I(i)} \bar{m}_{H,i+1}] \tag{9-18}$$

$$\{H\}: \bar{m}_{H,I(i+1)} = K_{I(i+1)} [\bar{m}_{H,I(i)} \bar{m}_{H,i+1}] \tag{9-19}$$

$$K_{I(i+1)} = \Big[1 - \sum_{t=1}^{N} \sum_{\substack{j=1 \\ j \neq t}}^{N} m_{t,I(i)} m_{j,i+1}\Big]^{-1}, \ i = 1, 2, \cdots, L-1 \tag{9-20}$$

当完成所有 L 个子指标的合成后，将 $m_{H,I(L)}$ 按比例分配给各个评价等级，分配方式如下式所示：

$$\{H_n\}: \beta_n = \frac{m_{n,I(L)}}{1 - \bar{m}_{H,I(L)}} \tag{9-21}$$

$$\{H\}: \beta_H = \frac{\tilde{m}_{n,I(L)}}{1 - \bar{m}_{H,I(L)}} \tag{9-22}$$

式中，β_n 表示等级 H_n 被评估的可能性，β_H 表示因信息不完全造成未分配的置信度。从而，对总属性 y 的评估分布如下：

$$S(y) = \{(H_n, \beta_n), (H, \beta_H), n = 1, 2, \cdots, N\} \tag{9-23}$$

9.2.2.3 证据推理方法的效应区间

式（9-23）所示的总指标 y 是以区间形式表述的特点，它很难准确界定总属性的好坏，或与其他方案进行对比。因此，有必要将区间分布转化为具体数值的形式。根据期望效应对各个评价等级的效应值进行界定。假设 $u(H_n)$ 表示评价等级 H_n 的效应值，且满足

$$u(H_{n+1}) > u(H_n)，当 H_{n+1} 优于 H_n 时 \qquad (9-24)$$

当对子指标进行评估时，如果子指标出现信息不完全的情况，则会造成总指标未分配的置信度 β_H 大于零，从而使总指标对应的评价等级 H_n 的权重为区间分布 $[\beta_n, \beta_n + \beta_H]$。由于 H_1 的评价等级最低，故其对应的效应值最小；相反，H_N 对应的评价等级最高，其对应的效应值最大。因此，总指标 y 的总效应可以采用三种形式表示，分别为最大总效应、最小总效应和平均总效应，其计算如下式所示：

$$u_{\max}(y) = \sum_{n=1}^{N-1} \beta_n u(H_n) + (\beta_n + \beta_H) u(H_n) \qquad (9-25)$$

$$u_{\min}(y) = (\beta_1 + \beta_H) u(H_1) + \sum_{n=2}^{N} \beta_n u(H_n) \qquad (9-26)$$

$$u_{\text{avg}}(y) = \frac{u_{\max}(y) + u_{\min}(y)}{2} \qquad (9-27)$$

当 $\beta_H = 0$，即所有的子指标评估均为完全信息条件下的评估时，有 $u_{\max}(y) = u_{\min}(y) = u_{\text{avg}}(y)$。由于 $u_{\text{avg}}(y)$ 未能体现出决策指标的确定性，其与阈值的对比有时不能真实反映决策结果，反而对决策产生误导[191]，因此本书采用最大值、最小值及不确定概率（β_H）来讨论是否参与国际工程项目的投标。

9.3 多阶段国际工程投标/不投标决策流程划分

根据文献回顾的结果，本章提出的决策流程在总体上分为 3 个阶段：单因素指标初步筛选、多指标分阶段评估和总指标综合评估。本节主要关注单项目的投标决策问题，多项目的组合投标决策问题此处不作具体讨论。根据文献[44][94]的决策思想，应进行单因素筛选，且国际影响因素的评估要先于一般因素的评估。本研究提供 16 个国际影响因素和 25 个一般影响因素供决策者选择。由于承包商之间存在差异，对各个因素的敏感程度也不同，因此这里不提供具体的清单。承包商应根据自身特点确定筛选是否参与项目投标的具体单因素清单。此外，在项目评估的早期，部分单因素信息是未知的，随着对项目追踪的逐步推进，这些未知的单因素信息也在逐步更新完善，因此单因素项目评估是伴随着项

目信息更新的一个持续的评估过程，且先于多属性指标的评估。

当单因素筛选不能否定参与项目投标时，投标决策者需要根据多因素组合得出的单目标决策指标确定是否投标。由于各个指标对信息的需求量及信息获取难度存在差异，对单目标决策指标的评估需要进行分阶段评估。当各个单目标决策指标评价均不能否定参与投标时，则需要根据单目标决策指标合成的总目标决策指标来最终确定是否投标。根据第8章的研究成果，本章构建出多因素集成获取子目标指标以及多个子目标决策指标合成获取总目标决策指标的投标决策层次结构，该结构是对总流程的进一步细化，并将多因素投标/不投标决策问题划分为6个阶段进行评估，如图9.2所示。

9.4 基于证据推理方法的国际工程投标/不投标决策模型构建

设单决策方案的国际工程投标/不投标问题 $S = (e, Y, f)$，其中，$e = \{e_i, i=1, 2, \cdots, L\}$，表示投标决策层次结构中最低层级的影响因素。对于每个决策属性 e_i $(i=1, 2, \cdots, L)$，$f: e \to Y(e)$，$f(e_i) \in Y(e_i)$，$Y = \bigcup_{e_i \in e} Y(e_i)$ $(i=1,2,\cdots,L)$。$Y(e_i)$ 为单决策方案在决策属性 e_i 下的属性值。如果拟投标决策方案中至少存在一个决策属性 e_i $(i=1, 2, \cdots, L)$ 含有空缺值，则称此类多属性投标决策问题为不完全信息下的国际工程投标/不投标决策问题。结合本章提出的多阶段国际工程投标决策流程，即可构建出不完全信息下多阶段的国际工程投标/不投标决策问题。

根据多阶段国际工程投标/不投标决策框架，决策指标可以分为4个层级：第1层级为项目投标决策总目标，用 Y_0 表示；第2层级为投标决策子目标，用 $Y_k(k=1, 2, \cdots, 5)$ 表示，其中，Y_1 表示国家风险易损性，Y_2 表示项目执行能力，Y_3 表示项目风险易损性，Y_4 表示项目盈利性，Y_5 表示项目中标概率；第3层级为因素组，用 $y_j(j=1, 2, \cdots, 6)$ 表示，其中，y_1 表示能力，y_2 表示国家风险，y_3 表示项目难度水平，y_4 表示项目风险，y_5 表示期望利润，y_6 表示投标竞争激烈程度；第4层级为影响因素，用 e_i 表示，各个变量与影响因素的对应关系如表9.1所示，其中各个层级的指标之间的关联关系如图9.2所示。

9 国际工程项目投标/不投标决策模型构建

图9.2 投标/不投标决策层次结构

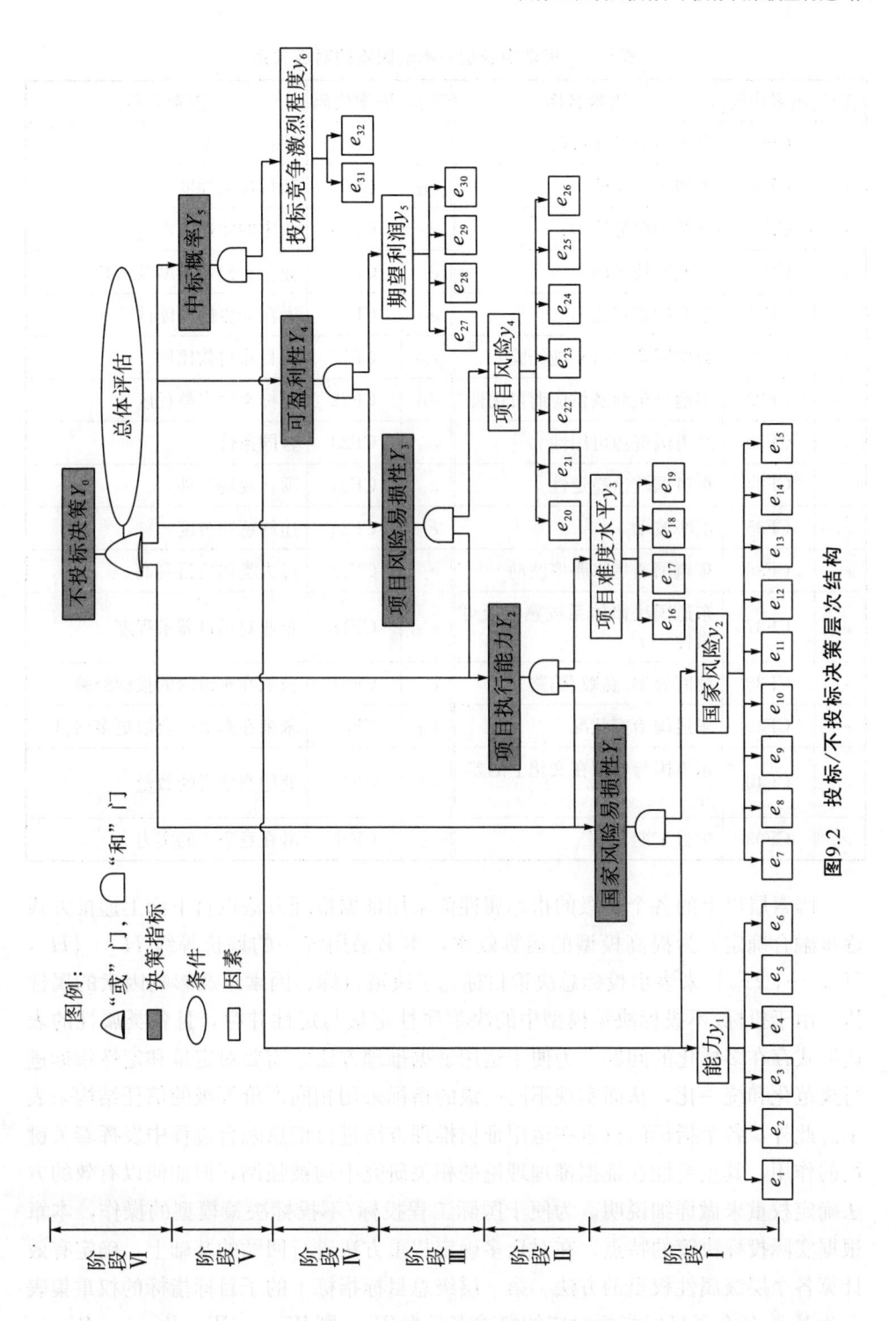

表 9.1 模型中变量与影响因素的对应关系

变量	因素代码	因素名称	变量	因素代码	因素名称
e_1	CF07	企业当前工作负荷	e_{17}	CF04	项目投标期限
e_2	CF08	类似项目经验	e_{18}	CF05	项目复杂程度
e_3	CF09	企业的财务能力	e_{19}	CF06	业主的特殊要求
e_4	CF10	企业的技术能力	e_{20}	CF14	业主身份（类型及信誉）
e_5	CF11	企业的管理能力	e_{21}	CF15	潜在变更的可能性
e_6	CF26	类似国家项目实施经验	e_{22}	CF17	项目预付款比例
e_7	CF29	当地分包商及供应商可用性	e_{23}	CF22	招标文件完整程度
e_8	CF30	东道国资源可用性	e_{24}	CF23	合同条件
e_9	CF34	东道国政治稳定性	e_{25}	CF24	项目现场条件
e_{10}	CF35	汇率波动	e_{26}	CF25	违约惩罚力度
e_{11}	CF36	东道国通货膨胀率波动	e_{27}	CF12	过去类似项目利润
e_{12}	CF37	东道国法律体系成熟性及可靠性	e_{28}	CF18	企业对项目需求程度
e_{13}	CF38	政府效率/腐败/贿赂	e_{29}	CF31	获取在东道国的投标经验
e_{14}	CF39	东道国治安状况	e_{30}	CF32	未来在东道国获取更多项目
e_{15}	CF40	东道国与中国在文化上的差异	e_{31}	CF19	期望竞争者的数量
e_{16}	CF03	项目工期	e_{32}	CF20	潜在竞争者的实力

因素层以上的各个层级的指标属性值采用证据推理方法以自下而上递推方式逐步融合确定。为提高模型的运算效率，本书采用统一的评价等级 $H = \{H_1, H_2, \cdots, H_N\}$ 来表示投标总决策目标、子决策目标、因素组及影响因素的属性值。由于投标/不投标决策模型中的决策属性定量与定性并存，且各类属性的表达形式存在多样化的问题，为便于运用证据推理方法，需要对定量和定性指标进行规范化和统一化，从而实现不同层级的指标采用相同评价等级的信任结构来表示。此外，各个指标的权重在运用证据推理方法进行信息融合过程中发挥着关键性的作用，其重要性在证据推理理论的相关研究中均被强调，但如何以有效的方法确定权重未做详细说明。为便于国际工程投标/不投标决策模型的操作，本章根据实际投标决策的特点，在对众多确定权重方法进行回顾的基础上，确定有效计算各个层级属性权重的方法。第一层级总目标指标下的子目标指标的权重集表示为 W_0，各个子目标指标对应的权重表示为 W_{0k}，则 $W_0 = \{W_{01}, W_{02}, \cdots, W_{0k}\}$，$k = 5$；第二层级子目标指标下的各个因素组的权重集表示为 W_k，各个因素组对

应的权重表示为 W_{kj}，则 $W_k = \{W_{k1}, W_{k2}, \cdots, W_{kj}\}$，$k = 1, 2, \cdots, 5$，$j = 1, 2, \cdots, 6$；第三层级因素组下的各个影响因素的权重集表示为 w_j，各个因素对应的权重表示为 w_{ji}，则 $w_j = \{w_{j1}, w_{j2}, \cdots, w_{ji}\}$，$j = 1, 2, \cdots, 6$，$i = 1, 2, \cdots, 32$。

通过证据推理方法得出的具有决策意义的投标决策子目标和投标决策总目标的属性值 $S(Y_k)$ 和 $S(Y_0)$ 均以评价等级信任分布的形式呈现，此种形式的决策结果不能明确投标者是否进行决策，故采用 9.2.2.3 节的效应理论方法将信任分布的决策结果转化为具体数值。首先，根据承包商所属企业的专家意见确定评价语言 $H = \{H_1, H_2, \cdots, H_N\}$ 各个等级的效应值。其次，根据投标企业的偏好确定是否参与投标的阈值。最后，通过计算得出效应值并与阈值进行比较，从而确定是否参与投标。针对信息不完全造成决策结果不确定性的问题，则需要根据确定的总效应值与信息不完全造成的不确定概率之间的关联关系，最终确定是否投标或等待信息的补充。如果在最晚制定投标决策的时点前，投标决策的相关信息仍得不到补充，那么投标人可以根据企业对不确定性概率的容忍或偏好程度确定是否进行投标。

9.5 投标/不投标决策模型属性评估

在本书构建的投标/不投标决策模型中，定性因素与定量因素并存，其中定性因素占绝大多数。运用证据推理方法对两种类型的指标进行融合，需要对两种类型的指标进行规范化、统一化处理，计算各类指标在同一个评价等级下的隶属度，以满足信息融合的要求。

9.5.1 定量指标规范化

由于总目标及子目标的评价等级均采用 $H = \{H_1, H, \cdots, H_N\}$ 表示，为便于后期因素间的融合计算，定量指标也规范为相同的评价等级。设定量指标 e_i 转化为定性评价等级 $H = \{H_1, H_2, \cdots, H_N\}$ 对应的属性值为 $S_i = \{s_i^1, s_i^2, \cdots, s_i^N\}$，其中，$N$ 为评价等级的等级数。定量属性一般可分为两种类型：一种是效益型属性，另一种是成本型属性。两种不同类型属性的归属度的计算方法存在明显差异。定量属性 e_i 的 $\beta_{n,i}$ 归属度函数的计算方法[192]如下：

定义 9-4：如果指标 e_i 的属性值 s_i 为点值，当 $\forall s_i \in [s_i^l, s_i^{l+1}]$，$s_i^l < s_i^{l+1}$，$l \in [1, 2, \cdots, N-1]$ 时，则

效益型：
$$\beta_{l,i} = \frac{s_i^{l+1} - s_i}{s_i^{l+1} - s_i^l} \tag{9-28}$$

$$\beta_{l+1,i} = 1 - \beta_{l,i} \tag{9-29}$$

成本型：
$$\beta_{l,i} = \frac{s_i - s_i^l}{s_i^{l+1} - s_i^l} \tag{9-30}$$

$$\beta_{l+1,i} = 1 - \beta_{l,i} \tag{9-31}$$

根据以上方法，可以得出定量指标的属性值表达式如式（9-32）所示。由于定量指标在给出具体数值时该指标是完全信息的，则 $\beta_H = 0$。

$$S(e_i) = \{(H_n, \beta_{n,i}), n = 1, 2, \cdots, N\}, i = 1, 2, \cdots, L \tag{9-32}$$

9.5.2 定性指标规范化

运用语言变量可以近似界定定性问题的属性，从而有效克服运用数值变量存在的不足。决策者通过运用语言变量给出对事件的判断，能够有效描述定义不完善或太复杂而难以采用量化指标表征的现象。由于投标决策是一个非常复杂的过程，基于单个决策者有限的经验和认知较难做出正确的决策，因此集成众多专家知识和经验的群决策在工程企业的战略决策中得到越来越广泛的应用。本章采用群体语言多属性决策方法，根据多个专家的意见确定决策模型中各个定性属性的值。

根据总体目标和子目标的评价等级设置情况，确定因素层级的定性属性的评价等级为 $H = \{H_1, H_2, \cdots, H_N\}$，简化后期不同评价等级的统一问题。由于定性属性也分为效益型属性和成本型属性，为保持后期信息融合时效应的一致性，故对两种类型的属性评价等级进行设置以确保效应一致。例如，评价等级为 5 级，以利润和风险为例，则 H = 效益型/成本型 = $\{H_1, H_2, H_3, H_4, H_5\}$ = {很差/很高，较差/较高，一般/一般，较高/较低，很高/很低}。假设决策团队由 q 个专家组成，第 k 个决策者关于 i 个属性的评价矩阵为 $\boldsymbol{M}_i^k = (\alpha_{i,n}^k)_{1 \times N}$，其中，$\alpha_{i,n}^k$ 表示决策者 k 从设定好的评价等级集中选择一个或多个评价等级作为拟投标项目属性 e_i 的评价值，如式（9-33）所示。

$$\boldsymbol{M}_i^k = \{(H_n, \alpha_{n,i}^k), n = 1, 2, \cdots, N\}, i = 1, 2, \cdots, L; k = 1, 2, \cdots, q \tag{9-33}$$

式中，$\sum_{n=1}^{L} \alpha_{i,n}^k = 1$。

在获取所有专家对某一因素的评估结果后，采用 ER 理论对各个专家的评估结果进行合成。在本章中，各位专家的评估是相互独立的，且各自的评估结果被认为是同等重要的，因此各位专家的评论结果在意见融合中的重要性（即权重）为 $1/q$。根据式（9-6）至式（9-12），可计算得出各个定性指标的属性值，如式（9-34）所示。

$$S(e_i) = \{(H_n, \beta_{n,i}), (H, \beta_{N,i}), n = 1, 2, \cdots, N\}, i = 1, 2, \cdots, L \tag{9-34}$$

当决策团队中存在专家关于某些属性由于缺乏相应的知识和信息,不能对该属性给出具体的语言评价等级时,采用"*"表示该属性的语言评价等级信息为空值,则 $\sum_{n=1}^{L} \beta_{n,i} < 1$,从而形成不完全信息下的投标决策问题。

9.6 投标/不投标决策模型指标权重确定

证据推理理论与传统的证据理论最大的区别之一在于引入证据的权重,权重不仅能有效调节证据之间的冲突问题,而且能反映不同来源的证据的贡献度。尽管 Yang[185][190][193-195] 在其提出的证据推理理论中特别强调了证据权重的重要性,并提出部分广泛应用的确定权重的方法,但在这些传统的确定权重的方法中,一部分采用定量化的方法来确定权重,在解决不确定性问题上存在一定的难度;另一部分完全采用定性的方法,在定性结论向定量权重的转变过程中存在一定的难度。AHP 是以上确定权重方法中最为流行的一种,该方法需要采用复杂的流程确定评价结果的一致性问题,在实际应用中显得较为烦琐。模糊偏好关系是一种表达决策者不确定性偏好信息和界定影响因素的有效方法,该方法将模糊理论与 AHP 的理念进行有效集成,从而大大改善了传统 AHP 方法。

众多的决策过程依靠偏好关系做支撑,这是决策中最常见的信息表达方式。例如,一个决策者在两个方案的对比中分别赋予相应的数值,则该数值表示一个方案相对于另一个方案的偏好程度。绝大部分的决策模型主要采用以下两种偏好关系:一种是乘法偏好关系,另一种是模糊偏好关系[196]。本章首先通过乘法偏好关系确定属性之间的关系,其次将各个决策者给出的乘法偏好关系转化为模糊偏好关系,最后对各个决策者的意见进行合成和规范化处理,从而确定各个属性的权重。

假设决策团队中有 q 名专家,第 k 位专家关于一套决策属性 X 的乘法偏好关系采用矩阵 A 表示,则:

$$A = [a_{ij}] \subset X \times X \tag{9-35}$$

$$a_{ij} * a_{ji} = 1, \forall i, j \in \{1, 2, \cdots, n\} \tag{9-36}$$

式中,a_{ij} 表示评审专家关于决策属性 i 相对于决策属性 j 的偏好比例。Saaty[197] 建议采用 1~9 的数值来度量各个决策属性之间的相对偏好程度。例如,$a_{ij} = 1$ 表示决策属性 x_i 与 x_j 同等重要,$a_{ij} = 9$ 表示决策属性 x_i 比 x_j 绝对重要。

假设决策属性 X 的模糊偏好关系采用矩阵 B 表示,矩阵中属性之间的关系

采用归属函数 u_B 来表示，则：

$$B = [b_{ij}] \subset X \times X, b_{ij} = u_B(x_i, x_j) \quad (9-37)$$

$$b_{ij} + b_{ji} = 1, \forall i,j \in \{1,2,\cdots,n\} \quad (9-38)$$

式中，u_B 表示归属函数，b_{ij} 表示决策属性 x_i 相对于 x_j 的优先比例。例如，$b_{ij} = 0.5$ 表示决策属性 x_i 与 x_j 同等重要，$b_{ij} = 1$ 表示决策属性 x_i 比 x_j 绝对重要。

本章采用文献［196］提出的方法实现乘法偏好关系向模糊偏好关系的转化。文献［198］采用该方法确定权重取得了较好的结果，但在融合各个专家关于权重的评估中略显不足，主要体现在仅将各个专家评估的模糊偏好关系矩阵进行算术平均，并在此基础上最终求得各个指标的权重。文献［199］指出，仅仅通过算术平均的方法很难调整各个专家意见的一致性，因此本章运用 ER 方法对上述基于专家评估的偏好关系确定权重的方法进行完善，从而提高各个指标权重的准确性。确定权重的具体步骤如下：

（1）确定专家评估两个相邻指标的 M 个定性相对重要性的评价等级（M 为奇数）及其对应的重要性数值。例如，{绝对不重要，很不重要，…，一般，…，很重要，绝对重要} = $\{V_1, V_2, \cdots, V_{M-1}, V_M\}$。

（2）专家根据评价等级对同一个层级指标间的偏好关系进行评估。第 q 个决策专家确定决策乘法偏好关系矩阵 $\boldsymbol{R}^q$ 中的 $n-1$ 个元素 $\{r_{12}^q, r_{23}^q, \cdots, r_{(n-1)n}^q\}$ 的值 $r_{i(i+1)}^q$（$0 \leqslant i \leqslant n$，$i$ 既可表示因素编码，也可表示因素组及子决策目标编码）采用评价等级 $\{V_1, V_2, \cdots, V_{M-1}, V_M\}$ 的分布函数表达各个专家对各偏好关系的信任框架，即 $r_{i(i+1)}^q = \{(V_1, \gamma_{1,i(i+1)}^q), (V_2, \gamma_{2,i(i+1)}^q), \cdots, (V_M, \gamma_{M,i(i+1)}^q)\}$。其中，$\gamma_{m,i(i+1)}^q$ 表示专家 q 关于指标 i 与指标 $i+1$ 偏好关系为等级 m 的分布概率（$1 \leqslant m \leqslant M$）。为区别不同层级指标偏好关系表达的差异，第四层级的影响因素之间的偏好关系表示为 $a_{i(i+1)}$，第三层级的因素组之间的偏好关系表示为 $b_{j(j+1)}$，第二层级的子目标指标之间的偏好关系表示为 $c_{k(k+1)}$。

（3）运用 ER 方法对 q 个专家关于 $n-1$ 个偏好关系中每一个偏好关系进行合成，其中每个专家的评价结果在运用 ER 方法中进行信息融合时所占的权重为 $1/q$。通过融合各位专家的评价结果，可以确定每个偏好关系的评估信任分布为 $r_{i(i+1)} = \{(V_1, \gamma_{1,i(i+1)}), (V_2, \gamma_{2,i(i+1)}), \cdots, (V_M, \gamma_{M,i(i+1)})\}$。

（4）将已确定的各个偏好关系信任框架中的各个评价等级所占的权重与对应评价等级数值的乘积求和，可得出结合 q 个专家意见修正后的各个偏好关系的对应数值。

$$r_{i(i+1)}^* = \sum_{m=1}^{M} V_m \cdot \gamma_{m,i(i+1)} \quad (9-39)$$

(5) 矩阵 A 对角线元素均为 1，根据式（9-40）和式（9-41），以及修正后的偏好关系的数值确定矩阵 A 中其他的元素值；

$$r_{ij} = \frac{1}{r_{ji}} \tag{9-40}$$

$$r_{ij} = \frac{r_{i(j-1)} \times r_{(i+1)j}}{r_{(i+1)(j-1)}} \tag{9-41}$$

(6) 设 $Z = \max[R]$，将偏好间隔为 $[1/L, L]$ 的乘法偏好关系矩阵根据式（9-42）进行转化，从而得出乘法偏好关系矩阵 $T = [t_{ij}]$：

$$t_{ij} = (r_{ij})^{1/\log_L Z} \tag{9-42}$$

(7) 采用式（9-43）将乘法偏好关系矩阵 T 转化为模糊关系矩阵 C：

$$C_{ij} = (1 + \log_L t_{ij})/2 \tag{9-43}$$

(8) 对转化后的关系矩阵进行规范化，得出关系矩阵 Q，其各个元素值 q_{ij} 根据式（9-44）确定：

$$q_{ij} = \frac{s_{ij}}{\sum_{i=1}^{n} s_{ij}} \tag{9-44}$$

(9) 确定各个决策属性的相对权重。设第 i 个决策属性的相对权重为 W_i，其通过式（9-45）确定：

$$W_i = \frac{\sum_{j=1}^{n} q_{ij}}{\sum_{i=1}^{n} \sum_{j=1}^{n} q_{ij}} \tag{9-45}$$

9.7 决策目标指标归一化处理

由于子目标和总目标的属性值均以信任结构表达，从而造成决策者进行决策存在一定的难度，故需要将以信任结构表达的决策结果转化为以单一的数值表示的结果，以便于决策者更加明确地制定决策。本章采用效应理论对计算得出的决策结果进行转化。首先，根据文献 [200] 提出的确定性等效方法（即通过询问有关彩票的问题来确定决策者的偏好效应信息），确定信任结构中各个评价等级的效应值。其次，计算决策结果中各个决策等级的效应值与各个决策等级的信任度的加权和，从而得出单一化的决策结果。

本章将评价等级 $H = \{H_1, H_2, \cdots, H_N\}$ 中的 H_1 和 H_N 的效应值设置为

互为相反数，即 $u(H_N) = -u(H_1) = U$，且 $u(H_N) > 0$。位于 H_1 和 H_N 之间的评价等级 $H_{(N+1)/2}$（N 为奇数）的效应值由 H_1 和 H_N 的效应值共同确定。通过向承包商的决策人员询问类似彩票的选择决策问题逐步确定决策框架中所有评价等级的效应值。假设向承包商 q 个决策者中第 k 个决策者提供两种选择：第一种选择投标决策评价结果的评价等级为 $H_{(N+1)/2}$，第二种选择投标决策评价结果为出现评价等级 H_N 结果的概率为 p_k 和出现评价等级 H_1 结果的概率为 $1-p_k$。咨询投标决策者更喜欢哪一种选择，不断调整概率 p_k 的大小（$0 \leqslant p_k \leqslant 1$）直到决策者能够区别两种选择，从而确定评价等级 $H_{(N+1)/2}$ 的效应值。本章采用 q 个专家确定的概率的均值来确定评价等级 $H_{(N+1)/2}$ 的效应值，如式（9-46）和式（9-47）所示。

$$\bar{p} = \frac{\sum_{k=1}^{q} p_k}{q} \tag{9-46}$$

$$u(H_{\frac{N+1}{2}}) = \bar{p} \cdot u(H_N) + (1-\bar{p}) \cdot u(H_1) \tag{9-47}$$

待评价等级 $H_{(N+1)/2}$ 的效应值确定后，H_1 和 $H_{(N+1)/2}$ 以及 $H_{(N+1)/2}$ 和 H_N 之间的评价等级也可以按相同的概率 $\bar{p}$ 确定。以此类推，所有评价等级均可以确定。由于 H_1 为效应值最小的评价等级，H_N 为效应值最大的评价等级，由 ER 方法合成得出各个子目标的信任结构中存在的不确定部分可能为 H_1 或 H_N。因此，当出现信息不完全时，即信任结构 $S(Y_k) = \{(H_n, \beta_{n,k}), (H, \beta_{H,k}), n = 1, 2, \cdots, N\}$（其中，$k = 0, 1, 2, \cdots, 5$）中的 $\beta_{H,k} \neq 0$ 时，投标决策的评价值分布于特定的区间内，该区间的最大值和最小值分别为：

$$u_{\max}(Y_k) = \sum_{n=1}^{N-1} \beta_{n,k} u(H_n) + (\beta_{N,k} + \beta_{H,k}) u(H_n) \tag{9-48}$$

$$u_{\min}(Y_k) = (\beta_{1,k} + \beta_{H,k}) u(H_1) + \sum_{n=2}^{N} \beta_{n,k} u(H_n) \tag{9-49}$$

9.8 投标/不投标决策的判定准则

通过对证据推理方法确定的决策指标结果进行归一化处理，可以将信任结构概率分布形式的决策结果转化为具体数值。在信息完全的情况下，决策目标结果为单一的具体数值，将该数值与根据决策者偏好确定的阈值进行对比，能够较容易地确定决策结果。但在信息不完全的情况下，决策目标结果进行归一化处理后的属性值为区间值，即 $[u_{\min}(Y_k), u_{\max}(Y_k)]$。当设定的阈值位于该区间内时，决策者在决策时存在一定的难度。针对该问题，Yang[190]建议采用均值来代表最大值与最小值形成的区间值，从而降低了决策的难度。但文献［191］指出，采用均值与阈值进行比较，可能会使决策者产生误解。针对不完全信息条件下难以判断的问题，本书采用决策指标的信任框架中未知属性的信任度来反映决策结果存在的不确定程度（$\beta_{H,k}$）。

根据$u_{\min}(Y_k), u_{\max}(Y_k), \beta_{H,k}$和阈值这4个参数来确定是否参与投标。其中，阈值作为判断是否投标的临界值，主要由来自拟投标企业的专家根据企业的特点及偏好来确定。为避免单个专家在知识、经验和判断上存在的局限性，本书同样采用群决策的方法来确定阈值。基于4个参数对国际工程投标/不投标决策模型中的6个指标（5个子目标指标和1个总目标指标）进行逐一评估，采用的具体决策原则如下。

（1）在信息完全的情况下，决策结果存在两种情况：

1）当$u_{\min}(Y_k) = u_{\max}(Y_k)$且小于阈值时，拒绝参与投标。

2）当$u_{\min}(Y_k) = u_{\max}(Y_k)$且大于阈值时，对子目标指标评估而言，不拒绝投标，并开展下一个子目标指标的评估；对总目标指标评估而言，则选择投标。

（2）在信息不完全的情况下，决策结果主要存在三种情况：

1）当$u_{\min}(Y_k)$大于阈值时，对子目标指标评估而言，则不拒绝投标，并对下一个子目标指标进行评估；对总目标指标评估而言，则选择投标。

2）当$u_{\max}(Y_k)$小于阈值时，不管是子目标指标还是总目标指标，均拒绝参与投标。

3）当阈值大于$u_{\min}(Y_k)$但小于$u_{\max}(Y_k)$时，决策一方面取决于承包商对不确定性概率的容忍程度，另一方面取决于因不完全信息引起的不确定性能否通过信息的补充得到改善从而达到承包商容忍的不确定性程度。如果不确定性概率在承包商的容忍范围内，则可不拒绝参与投标；如果不确定性概率超过承包商的容忍度且信息无法得到补充，则建议放弃投标；如果不确定性概率超过承包商容忍程度但不完全信息可以得到进一步补充，则待不完全信息得到补充后，再进行决策分析确定是否参与投标。

9.9 本章小结

本章研究的主要目标是采用证据推理方法处理信息不完全条件下的国际工程投标/不投标决策问题。除构建投标决策框架外，定性指标和不同层级属性权重依据人的主观判断产生的不确定性问题，以及不完全信息造成的不确定性问题仍然是构建国际工程投标/不投标决策模型的另一个重要挑战。本书采用证据推理方法，运用信任结构能有效表达定性指标和指标间偏好关系的模糊性问题，以及因信息不完全造成的不确定性问题，并且能对各种类型的指标（定性、定量及不完全信息）进行有效合成。

本章基于证据推理理论构建不完全信息条件下多阶段国际工程投标/不投标决策模型，主要完成了以下内容：

首先根据文献回顾，得出国际工程投标/不投标决策可以划分为3个主要阶段：单因素评估→单目标指标评估→总目标指标评估。其次，以构建投标决策框架为理论基础，将单目标指标评估细分为5个阶段：国家风险易损性评估→执行项目能力评估→项目风险易损性评估→可盈利性评估→中标可能性评估。

根据国际工程投标/不投标决策需要进行多阶段决策的特点，针对多阶段决策过程中各个决策指标评估可能存在信息不完全的情形，结合国际工程投标/不投标决策框架，构建出基于证据推理理论的不完全信息条件下的多阶段国际工程投标/不投标决策模型。

针对投标/不投标决策模型中定性指标与定量指标并存的问题，阐述了运用证据推理理论中的信任结构对不同类型指标进行规范化和统一化的表示形式。

由于运用证据推理理论得出的结论是以信任结构的概率分布形式表达的，决策者很难根据该结果进行决策，采用效应理论对信任结构表达的结果进行归一化处理，使得决策结论更加明确并易于辅助决策，并制定了国际工程投标/不投标决策的判断原则。

10 多阶段国际工程投标/不投标决策模型验证

10.1 引言

为确定本书提出的国际工程投标/不投标决策模型能否有效辅助决策者处理复杂且具有较大不确定性的国际工程投标决策问题，本章采用案例分析和案例实验对模型的可行性、准确性、实用性等指标进行验证。关于模型应用的可行性，众多与投标相关的决策模型只运用案例演示模型在案例中的应用过程，来证明对应投标决策模型的可行性[94][124][151][198][201-207]，该指标是验证决策模型合理性的最基本要求。模型应用的可行性是模型验证的重要指标之一，本章运用国际工程投标案例详细阐述多阶段投标/不投标决策模型的应用过程。在模型应用可行性的基础上，部分研究[44][208]对模型的验证进一步深化，提出了验证模型决策的准确率指标。由于当前支持国际工程投标/不投标决策的模型相对较少，且部分模型需要大量的历史案例做支撑，因此，本章选择案例分析中采用的案例作为实验案例，通过对比直觉决策法与模型决策法准确率的差异性，从而验证本书提出的决策模型有利于提高投标决策者决策的准确率。

10.2 案例项目及投标人基本情况

以一家中国国际工程承包商曾经参与投标并中标完成的越南某电站项目为实验案例，验证该决策模型在国际工程投标/不投标决策中的可行性和准确性。继中国政府提出改革开放政策后，越南政府于1986年提出"革新"路线，亦称为"革新开发"，通过引入市场经济和对外开放政策，实现越南经济的快速发展和人民生活水平的提高。随着"革新开发"政策的推进，越南的经济水平和人民的生活水平均得到快速提升，从而加大了越南对电力资源的需求。同时，越南雨季和旱季分明的气候特点，造成旱季枯水期电力缺口更加严重。为确保2011—2015年越南经济发展的用电需求，越南政府鼓励建设采用多种能源形式的发电项目，摆脱过于依赖水力发电的困境。本案例项目在此政策背景下应运而生，由越南电力集团作为投资人进行建设。

该项目为火力发电站，装机容量为 2×300MW，位于越南北部地区，为扩建项目。项目工期要求必须小于 36 个月，项目开工日期定于 2008 年。该项目采用"交钥匙"合同模式，即工作范围包括设计、采购、施工和调试等所有内容。项目采用美元总价合同，除业主原因变更合同内容外，其他原因造成承包商工程实施成本增加，业主不予任何费用补偿。该项目投标准备期限为 4 个月，并要求承包商有能力辅助业主向承包商所在国的银行完成项目融资工作。项目周边交通系统相对成熟，公路、铁路和水路均能满足运输要求，大重型设备的运输难度不大。招标阶段，项目主厂房区域的场平清理工作正在进行中，部分区域的征地工作尚未完成。该项目存在一个较为棘手的技术难题有待解决，该技术难题在前一个扩建项目中体现得十分明显，给承揽该项目的总承包商带来重大损失。该技术难题能否在后期得到有效处理存在一定的不确定性，取决于中标承包商的技术能力和水平。

潜在投标人 Z 为一家中国国有工程公司，已有多年的国际工程承包经验，且该承包商在国际工程业务领域的运作比较成功。其在东南亚个别国家有多年的国际工程运作经验，但不包括越南。在多年的国际工程经营中，该承包商已与国内多家商业银行建立较为稳健的商业合作关系，且已协助个别项目业主顺利完成在中国商业银行的融资。随着部分国际市场逐渐趋于饱和，该承包商正在寻求新的市场，上述尚未完成建设的电站项目必然引起其浓厚兴趣。该承包商不仅力争当前的项目，更放眼于在该国取得更多的潜在项目的合作机会。在越南工程市场，早期的竞争者主要来自日本和韩国。近年来，大量的中国国际工程承包商涌入，同质竞争异常激烈，中国国际工程承包商低价中标的现象十分普遍，从而造成中标承包商的项目利润微薄且承担较大的风险。

10.3 投标/不投标决策模型可行性验证

10.3.1 投标/不投标决策判定标准参数

在本案例研究中，邀请曾参与该项目的三位主要项目负责人参与模型的评估，并要求他们根据在项目不同阶段掌握的信息对模型中的因素和各个层级指标之间的偏好关系进行评价。定性因素及各个层级指标采用 5 级语言评价等级，即 $H = \{H_1, H_2, H_3, H_4, H_5\} = \{$很差，较差，一般，较好，很好$\}$。关于各个层级因素或指标之间的相对偏好关系采用 9 级语言评价等级，即 {5, 4, 3,

$2,1,\frac{1}{2},\frac{1}{3},\frac{1}{4},\frac{1}{5}$ ＝ {绝对重要，非常重要，重要，较重要，一般，较不重要，不重要，非常不重要，绝对不重要}。为便于下文对各个指标进行评估，首先根据效应理论将信任结构的分布形式转化为具体数值，并进一步根据专家意见明确判断是否投标的阈值。H_1 和 H_5 分别是效应值最大和最小的评价等级，设定评价等级 H_1 的效应值 $u(H_1) = -1$，H_5 的效应值 $u(H_5) = 1$。根据式（9-46）和式（9-47），基于已设定的 H_1 和 H_5 的效应值，可计算出评价等级 H_3 的效应值。同理，根据评价等级 H_1 和 H_3 的效应值可计算出评价等级 H_2 的效应值，根据评价等级 H_3 和 H_5 的效应值可计算出评价等级 H_4 的效应值。根据三位专家的意见，用于调节 H_1 和 H_5 的效应值的加权和等于 H_3 的概率的均值为 0.533，从而 H_3 的效应值为 0.067，如式（10-1）所示。

$$u(H_3) = (1-p) \times u(H_1) + p \times u(H_5)$$
$$= (1-0.53) \times (-1) + 0.53 \times 1 = 0.060 \quad (10-1)$$

同理可得，$u(H_2) = -0.431$，$u(H_4) = 0.564$。

同时，三位专家一致认为评价等级"一般"的效应值（0.067）适合作为子指标的评判阈值。当所有的子指标均满足阈值要求后，专家提高总目标指标的阈值要求，设置为 0.133。根据三位专家的意见，该投标企业对不确定性概率的容忍程度为 20%。

10.3.2 国家风险易损性评估

根据多阶段国际工程投标/不投标决策流程，承包商应首先明确自身是否具备足够的能力应对该国存在的各类风险，即国家风险易损性评估，从而确定是否应继续追踪该项目。承包商自身"能力"和东道国"国家风险"方面因素的信息相对充足且独立于项目信息，决策专家团队根据掌握的信息对国家风险易损性指标进行评估，具体步骤如下。

10.3.2.1 承包商能力评估

其一，承包商能力因素评估。

与承包商能力相关的因素均属于定性变量，采用专家主观判断的方式进行确定，三位专家根据投标前企业当时的状况采用信任结构框架对各个指标分别打分。所有专家在各个定性指标的评估中所占的权重是均等的，即每位专家的评估结果所占权重均为 $\frac{1}{3}$。根据证据推理方法对三位专家的评估结果进行融合。首先对各位专家的评估结果进行转化，以因素"e_1 企业当前工作负荷"为例，根据式（9-12）至式（9-20），其转化过程如下：

$$g_{1,1} = 0, g_{2,1} = 0, g_{3,1} = 0.3 \times \frac{1}{3} = 0.1, g_{4,1} = 0.7 \times \frac{1}{3} = 0.233, g_{5,1} = 0,$$
$$\bar{g}_{H,1} = 1 - \frac{1}{3} = \frac{2}{3}, \tilde{g}_{H,1} = 0;$$

$$g_{1,2} = 0, g_{2,2} = 0, g_{3,2} = 0.5 \times \frac{1}{3} = \frac{1}{6}, g_{4,2} = 0.5 \times \frac{1}{3} = \frac{1}{6}, g_{5,2} = 0,$$
$$\bar{g}_{H,2} = \frac{2}{3}, \tilde{g}_{H,2} = 0;$$

$$g_{1,3} = 0, g_{2,3} = 0, g_{3,3} = 0.4 \times \frac{1}{3} \approx 0.133, g_{4,3} = 0.6 \times \frac{1}{3} = 0.2, g_{5,3} = 0,$$
$$\bar{g}_{H,3} = \frac{2}{3}, \tilde{g}_{H,3} = 0。$$

$g_{n,q}$ 表示第 q 个专家支持因素属性值为评价等级 H_n 的基本概率函数。令 $g_{n,I(1)} = g_{n,1}$,对专家 1 与专家 2 的评估结果进行合成可得 $g_{n,I(2)}$。在进行合成前,首先需要确定归一化因子 $K_{I(2)}$。

$$K_{I(2)} = \left[1 - \sum_{i=1}^{5} \sum_{\substack{j=1 \\ i \neq j}}^{5} g_{i,I(1)} g_{j,2}\right]^{-1}$$
$$= \left[1 - \left(0.1 \times \frac{1}{6} + 0.233 \times \frac{1}{6}\right)\right]^{-1} \approx 1.059$$

$g_{1,I(2)} = K_{I(2)}(g_{1,1} \times g_{1,2} + g_{1,1} \times g_{H,2} + g_{H,1} \times g_{1,2}) = 0$

$g_{2,I(2)} = K_{I(2)}(g_{2,1} \times g_{2,2} + g_{2,1} \times g_{H,2} + g_{H,1} \times g_{2,2}) = 0$

$g_{3,I(2)} = K_{I(2)}(g_{3,1} \times g_{3,2} + g_{3,1} \times g_{H,2} + g_{H,1} \times g_{3,2})$
$$= 1.059 \times \left(\frac{1}{6} \times 0.1 + \frac{1}{6} \times \frac{2}{3} + \frac{2}{3} \times 0.1\right) \approx 0.206$$

$g_{4,I(2)} = K_{I(2)}(g_{4,1} \times g_{4,2} + g_{4,1} \times g_{H,2} + g_{H,1} \times g_{4,2})$
$$= 1.059 \times \left(0.233 \times \frac{1}{6} + 0.233 \times \frac{2}{3} + \frac{2}{3} \times \frac{1}{6}\right) \approx 0.324$$

$g_{5,I(2)} = K_{I(2)}(g_{5,1} \times g_{5,2} + g_{5,1} \times g_{H,2} + g_{H,1} \times g_{5,2}) = 0$

$\bar{g}_{H,I(2)} = K_{I(2)} \bar{m}_{H,1} \bar{m}_{H,2} = 1.059 \times \frac{2}{3} \times \frac{2}{3} \approx 0.471, \tilde{g}_{H,I(2)} = 0$

以此类推,以合成后的结果再与专家 3 的评估结果进行合成可得 $g_{n,I(3)}$,计算步骤同上,计算结果如下:

$$K_{I(3)} = 1.092; g_{1,I(3)} = 0; g_{2,I(3)} = 0; g_{3,I(3)} = 0.248$$
$$g_{4,I(3)} = 0.409; g_{5,I(3)} = 0; \bar{g}_{H,I(3)} = 0.343; \tilde{g}_{H,I(3)} = 0$$

根据式 (9-10) 和式 (9-11) 可计算出影响因素 "e_1 企业当前工作负荷" 的属性值,计算过程如下:

$$\beta_{1,1} = \frac{0}{1-0.343} = 0, \beta_{2,1} = \frac{0}{1-0.343} = 0, \beta_{3,1} = \frac{0.248}{1-0.343} \approx 0.378$$
$$\beta_{4,1} = \frac{0.409}{1-0.343} \approx 0.622, \beta_{5,1} = \frac{0}{1-0.343} = 0, \beta_{H,1} = \frac{0}{1-0.343} = 0$$

因此，影响因素"e_1企业当前工作负荷"以信任结构表达的属性值为：

$$S(e_1) = \{(H_1,0),(H_2,0),(H_3,0.378),(H_4,0.622),(H_5,0)\}$$

同理可得，影响因素"e_2类似项目经验""e_3企业财务能力""e_4企业技术能力""e_5企业管理能力""e_6类似国家项目实施经验"的属性值分别为：

$$S(e_2) = \{(H_1,0),(H_2,0),(H_3,0.057),(H_4,0.687),(H_5,0.256)\}$$
$$S(e_3) = \{(H_1,0),(H_2,0),(H_3,0.294),(H_4,0.647),(H_5,0.059)\}$$
$$S(e_4) = \{(H_1,0),(H_2,0),(H_3,0.622),(H_4,0.378),(H_5,0)\}$$
$$S(e_5) = \{(H_1,0),(H_2,0),(H_3,0.255),(H_4,0.745),(H_5,0)\}$$
$$S(e_6) = \{(H_1,0),(H_2,0),(H_3,0.082),(H_4,0.238),(H_5,0.680)\}$$

其二，承包商能力因素权重计算。

根据9.7节确定指标权重的方法，三位评估专家首先确定承包商"能力"因素组内各因素之间的偏好关系 $a^q_{i(i+1)}$。其后，采用与上一步定性指标评估相同的证据推理方法对三位专家关于各个偏好关系的评估值进行融合，偏好关系融合后的结果详见表10.1。根据效应理论并结合各个偏好关系评价等级对应的数值，运用式（9-32）可计算得出修正后的偏好关系。

表10.1 合成修正后的各个因素偏好关系

评价等级	a^*_{12}	a^*_{23}	a^*_{34}	a^*_{45}	a^*_{56}
AL					
VL					
SL					0.121
WL	0.587		0.044	0.029	0.576
EQ	0.385	0.468	0.956	0.51	0.303
WM	0.028	0.446		0.461	
SM		0.086			
VM					
AM					

注：$a^*_{12} = 0.587 \times \frac{1}{2}(\text{WL}) + 0.385 \times 1(\text{EQ}) + 0.028 \times 2(\text{WM}) = 0.735$。

同理可得，$a^*_{23} = 1.628, a^*_{34} = 0.978, a^*_{45} = 1.447, a^*_{56} = 0.631$。

根据修正后的偏好关系值，运用式（9-43）和式（9-44）确定因素组"y_1 国家风险"下各个因素的乘法偏好关系矩阵 $\boldsymbol{A}_{y_1}^1$。

$$\boldsymbol{A}_{y_1} = \begin{bmatrix} 1.000 & 0.735 & 1.189 & 1.163 & 1.682 & 1.067 \\ 1.361 & 1.000 & 1.618 & 1.582 & 2.288 & 1.445 \\ 0.841 & 0.618 & 1.000 & 0.978 & 1.415 & 0.893 \\ 0.860 & 0.632 & 1.023 & 1.000 & 1.447 & 0.913 \\ 0.595 & 0.437 & 0.707 & 0.691 & 1.000 & 0.631 \\ 0.942 & 0.692 & 1.120 & 1.095 & 1.584 & 1.000 \end{bmatrix}$$

根据乘法关系矩阵可得 $Z = \max\left[\boldsymbol{A}_{y_1}^1\right] = 2.288$。运用式（9-42）对偏好间隔为 $\left[\frac{1}{5}, 5\right]$ 的乘法偏好关系矩阵进行一致性转化，例如 $t_{1,3}^1 = (a_{1,3})^{1/\log_5 2.288} = 1.400$，可得出矩阵 $\boldsymbol{T}_{y_1}$。

$$\boldsymbol{T}_{y_1} = \begin{bmatrix} 1.000 & 0.550 & 1.400 & 1.340 & 2.748 & 1.124 \\ 1.820 & 1.000 & 2.548 & 2.439 & 5.000 & 2.044 \\ 0.714 & 0.393 & 1.000 & 0.957 & 1.963 & 0.803 \\ 0.746 & 0.410 & 1.045 & 1.000 & 2.050 & 0.838 \\ 0.364 & 0.200 & 0.510 & 0.488 & 1.000 & 0.409 \\ 0.890 & 0.489 & 1.246 & 1.193 & 2.446 & 1.000 \end{bmatrix}$$

根据式（9-43）将一致性的乘法关系矩阵转化为模糊关系矩阵，例如 $C_{13} = \dfrac{(1+\log_5 t_{1,3})}{2} = \dfrac{(1+\log_5 1.400)}{2} = 0.605$，从而可得出矩阵 $\boldsymbol{C}_{y_1}$。

$$\boldsymbol{C}_{y_1} = \begin{bmatrix} 0.500 & 0.314 & 0.605 & 0.591 & 0.814 & 0.536 \\ 0.686 & 0.500 & 0.791 & 0.777 & 1.000 & 0.722 \\ 0.395 & 0.209 & 0.500 & 0.486 & 0.709 & 0.432 \\ 0.409 & 0.223 & 0.514 & 0.500 & 0.723 & 0.445 \\ 0.186 & 0.000 & 0.291 & 0.277 & 0.500 & 0.222 \\ 0.464 & 0.278 & 0.568 & 0.555 & 0.778 & 0.500 \end{bmatrix}$$

根据式（9-44）对矩阵 $\boldsymbol{C}_{y_1}$ 进行规范化，可得出关系矩阵 $\boldsymbol{Q}_{y_1}$。

$$\boldsymbol{Q}_{y_1} = \begin{bmatrix} 0.189 & 0.206 & 0.185 & 0.185 & 0.180 & 0.188 \\ 0.260 & 0.328 & 0.242 & 0.244 & 0.221 & 0.253 \\ 0.150 & 0.137 & 0.153 & 0.153 & 0.157 & 0.151 \\ 0.155 & 0.146 & 0.157 & 0.157 & 0.160 & 0.156 \\ 0.070 & 0.000 & 0.089 & 0.087 & 0.111 & 0.078 \\ 0.176 & 0.182 & 0.174 & 0.174 & 0.172 & 0.175 \end{bmatrix}$$

最后,根据式(9-45)计算得出"国家风险"因素组下各个因素的权重 W_{y_1}。

$$W_{y_1} = \{w_1, w_2, w_3, w_4, w_5, w_6\}$$
$$= \{0.189, 0.258, 0.150, 0.155, 0.072, 0.175\}$$

10.3.2.2 国家风险评估

根据 PRS 集团提供的国际国家风险指南[209](The International Country Risk Guide,ICRG),关于越南12个国家风险指标中的4个指标(2007年)来度量本章所涉及的部分风险因素的属性值,如表10.2中(1)项和(4)~(6)项。此外,汇率波动和通货膨胀率波动的属性根据投标决策前一年越南盾对美元的汇率波动情况及越南居民消费价格指数(CPI)来确定,通过与其他国家货币兑换汇率的波动情况及 CPI 的波动范围确定其属性值[210-211],如表10.2中(2)、(3)项所示。其中,异常通货膨胀和货币贬值的国家的通货膨胀率及汇率兑换变化率不做参考。

表10.2 ICRG 和 IMF 发布的国家风险因素属性

序号	变量	国家风险因素	ICRG/IMF	min	max	越南	类型
(1)	e_9	东道国政治稳定性	政府稳定性	4.88	11.50	10.50	效益型
(2)	e_{10}	汇率波动*	历史数据	-31.7%	29.1%	-0.21%	成本型
(3)	e_{11}	东道国通货膨胀率	历史数据	0.17%	18.71%	3.22%	成本型
(4)	e_{12}	东道国法律成熟性及可靠性	法律与秩序	0.50	6.00	3.00	效益型
(5)	e_{13}	政府效率与腐败	腐败	0.50	6.00	3.00	效益型
(6)	e_{14}	东道国治安状况	社会状况	0.50	11.00	4.92	效益型

注:*单位美元兑换其他国家货币的变化率;汇率和通货膨胀率为 IFM 历史数据。

为了实现定量指标向语言评价变量 $H = \{H_1, H_2, H_3, H_4, H_5\}$ 的转换,根据表10.2中各个指标的最大值和最小值,将最大值和最小值形成的区间均分为4段,形成5个分界点,这5个分界点对应语言评价的5个等级。因素"e_9 东道国政治稳定性"的相邻两个语言评价等级的差值 = (11.5-4.88)/4 = 1.665,则该因素的5级语言评价等级 $H = \{H_1, H_2, H_3, H_4, H_5\}$ 对应的属性值 $H_9 = \{4.880, 6.535, 8.190, 9.845, 11.500\}$。根据式(9-31)和式(9-32),可计算出越南的国家政治稳定性的属性值为:

$$\beta_{4,9} = \frac{11.5 - 10.5}{11.5 - 9.845} = 0.604$$

$$\beta_{5,9} = 1 - 0.604 = 0.396$$

$$S(e_9) = \{(H_1,0),(H_2,0),(H_3,0),(H_4,0.604),(H_5,0.396)\}$$

同理可得，东道国法律体系成熟性及可靠性：

$$S(e_{12}) = \{(H_1,0),(H_2,0),(H_3,0.182),(H_4,0.818),(H_5,0)\}$$

政府效率与腐败：

$$S(e_{13}) = \{(H_1,0),(H_2,0),(H_3,0.182),(H_4,0.818),(H_5,0)\}$$

东道国治安状况：

$$S(e_{14}) = \{(H_1,0),(H_2,0.316),(H_3,0.684),(H_4,0),(H_5,0)\}$$

因素"e_{10}汇率波动"与"e_{11}东道国通货膨胀率波动"均属于成本型变量，应根据式（6-30）和式（6-31）来确定两个变量的属性值，计算结果如下。

CF35 汇率波动：

$$S(e_{10}) = \{(H_1,0),(H_2,0.072),(H_3,0.928),(H_4,0),(H_5,0)\}$$

CF36 东道国通货膨胀率：

$$S(e_{11}) = \{(H_1,0),(H_2,0),(H_3,0),(H_4,0.658),(H_5,0.342)\}$$

"e_7当地分包商及供应商的可用性""e_8东道国资源的可用性"和"e_{15}东道国与中国文化的差异"作为定性变量，采用专家打分的方式确定。采用与确定承包商能力相同的方法，对三位专家的评估进行融合得出三个国家风险定性因素的属性值分别为：

$$S(e_7) = \{(H_1,0),(H_2,0),(H_3,0.742),(H_4,0.258),(H_5,0)\}$$
$$S(e_8) = \{(H_1,0),(H_2,0.282),(H_3,0.423),(H_4,0.295),(H_5,0)\}$$
$$S(e_{15}) = \{(H_1,0),(H_2,0),(H_3,0),(H_4,0.714),(H_5,0.286)\}$$

10.3.2.3 国家风险易损性评估

其一，能力与国家风险权重计算。

确定权重的方法与上述确定权重的方法相同，三位专家均认为两个因素组同等重要，可得两个因素组间"能力"与"国家风险"的权重 W_1。

$$W_1 = \{W_{11}, W_{12}\} = \{0.5, 0.5\}$$

其二，国家风险易损性属性值计算。

在确定各个层级因素、指标的属性值或相对权重后，首先对各个因素组下的因素进行合成，然后根据各个因素组的属性值确定各个子指标的属性值。由于决策专家对企业自身的情况比较熟悉，因此"能力"因素组下的因素合成属于完全信息的合成。利用式（9-17）至式（9-23）对"能力"因素组层级下的各个因素进行合成，根据各因素权重对各因素属性值进行调整，计算过程如下：

$m_{1,1} = 0, m_{2,1} = 0, m_{3,1} = 0.378 \times 0.189 \approx 0.071, m_{4,1} = 0.622 \times 0.189 \approx 0.118, m_{5,1} = 0, \overline{m}_{H,1} = 1 - 0.189 = 0.811, \widetilde{m}_{H,1} = 0$;

$m_{1,2} = 0, m_{2,2} = 0, m_{3,2} = 0.015, m_{4,2} = 0.177, m_{5,2} = 0.066, \overline{m}_{H,2} = 0.742, \widetilde{m}_{H,2} = 0$;

$m_{1,3} = 0, m_{2,3} = 0, m_{3,3} = 0.044, m_{4,3} = 0.097, m_{5,3} = 0.009, \overline{m}_{H,3} = 0.850, \widetilde{m}_{H,3} = 0$;

$m_{1,4} = 0, m_{2,4} = 0, m_{3,4} = 0.097, m_{4,4} = 0.059, m_{5,4} = 0, \overline{m}_{H,4} = 0.845, \widetilde{m}_{H,4} = 0$;

$m_{1,5} = 0, m_{2,5} = 0, m_{3,5} = 0.019, m_{4,5} = 0.054, m_{5,5} = 0, \overline{m}_{H,5} = 0.928, \widetilde{m}_{H,5} = 0$;

$m_{1,6} = 0, m_{2,6} = 0, m_{3,6} = 0.014, m_{4,6} = 0.042, m_{5,6} = 0.119, \overline{m}_{H,6} = 0.825, \widetilde{m}_{H,6} = 0$;

$m_{H,i} = \overline{m}_{H,i} + \widetilde{m}_{H,i} = \overline{m}_{H,i}$

令 $m_{n,I(1)}^1 = m_{n,1}$，对因素"企业当前工作负荷 e_1"与"类似项目经验 e_2"进行合成，计算过程如下：

$K_{I(2)} = \left[1 - \sum_{i=1}^{5} \sum_{\substack{j=1 \\ i \neq j}}^{5} m_{i,I(1)} m_{j,2}\right]^{-1}$

$= [1 - (0 + \cdots + m_{3,1} \times m_{4,2} + m_{3,1} \times m_{5,2} + m_{4,1} \times m_{5,2} + \cdots + 0)]^{-1}$

$= [1 - (0.071 \times 0.177 + 0.071 \times 0.066 + 0.188 \times 0.066)]^{-1} = 1.028$

$m_{1,I(2)} = K_{I(2)}(m_{1,1} \times m_{1,2} + m_{1,1} \times m_{H,2} + m_{H,1} \times m_{1,2}) = 0$

$m_{2,I(2)} = K_{I(2)}(m_{2,1} \times m_{2,2} + m_{2,1} \times m_{H,2} + m_{H,1} \times m_{2,2}) = 0$

$m_{3,I(2)} = K_{I(2)}(m_{3,1} \times m_{3,2} + m_{3,1} \times m_{H,2} + m_{H,1} \times m_{3,2})$

$= 1.028 \times (0.071 \times 0.015 + 0.071 \times 0.742 + 0.811 \times 0.015) \approx 0.068$

$m_{4,I(2)} = K_{I(2)}(m_{4,1} \times m_{4,2} + m_{4,1} \times m_{H,2} + m_{H,1} \times m_{4,2})$

$= 1.028 \times (0.188 \times 0.177 + 0.188 \times 0.742 + 0.811 \times 0.177) \approx 0.259$

$m_{5,I(2)} = K_{I(2)}(m_{5,1} \times m_{5,2} + m_{5,1} \times m_{H,2} + m_{H,1} \times m_{5,2})$

$= 1.028 \times (0 + 0 + 0.811 \times 0.066) \approx 0.055$

$\overline{m}_{H,I(2)} = K_{I(2)} \overline{m}_{H,7} \overline{m}_{H,8} = 1.028 \times 0.811 \times 0.742 \approx 0.541$

以合成后的 $m_{n,I(2)}$ 再与因素"企业的财务能力 e_3"进行合成可得 $m_{n,I(3)}$，以此类推，最终合成可得 $m_{n,I(6)}$。每次合成后的结果如下，具体计算过程与上一步骤相同。

$m_{1,I(3)} = 0, m_{2,I(3)} = 0, m_{3,I(3)} = 0.091, m_{4,I(3)} = 0.314, m_{5,I(3)} = 0.054,$
$\bar{m}_{H,I(3)} = 0.541, \tilde{m}_{H,I(3)} = 0;$

$m_{1,I(4)} = 0, m_{2,I(4)} = 0, m_{3,I(4)} = 0.144, m_{4,I(4)} = 0.330, m_{5,I(4)} = 0.048,$
$\bar{m}_{H,I(4)} = 0.478, \tilde{m}_{H,I(4)} = 0;$

$m_{1,I(5)} = 0, m_{2,I(5)} = 0, m_{3,I(5)} = 0.147, m_{4,I(5)} = 0.356, m_{5,I(5)} = 0.045,$
$\bar{m}_{H,I(5)} = 0.452, \tilde{m}_{H,I(5)} = 0;$

$m_{1,I(6)} = 0, m_{2,I(6)} = 0, m_{3,I(6)} = 0.141, m_{4,I(6)} = 0.353, m_{5,I(6)} = 0.104,$
$\bar{m}_{H,I(6)} = 0.402, \tilde{m}_{H,I(6)} = 0。$

根据式（9-21）和式（9-22）可计算出"能力 y_1"评估的信任结构的分布状况：

$$\beta_1 = \frac{0}{1-0.402} = 0, \beta_2 = \frac{0}{1-0.402} = 0, \beta_3 = \frac{0.141}{1-0.402} \approx 0.235,$$

$$\beta_4 = \frac{0.353}{1-0.402} \approx 0.591, \beta_5 = \frac{0.104}{1-0.402} \approx 0.175, \beta_H = \frac{0}{1-0.402} = 0$$

从而"能力 y_1"的属性值为：

$$S(y_1) = \{(H_1,0),(H_2,0),(H_3,0.235),(H_4,0.591),(H_5,0.175)\}$$

根据三名专家关于不同指标之间偏好关系的信息，同理可得"国家风险 y_2"评估的信任结构的分布状况：

$$S(y_2) = \{(H_1,0),(H_2,0.082),(H_3,0.362),(H_4,0.305),(H_5,0.251)\}$$

根据确定的权重及因素组的属性值，运用证据推理方法对"能力"与"国家风险"两个因素组进行合成，可计算得出"国家风险易损性 Y_1"的评估分布：

$$S(Y_1) = \{(H_1,0),(H_2,0.036),(H_3,0.295),(H_4,0.466),(H_5,0.203)\}$$

根据本章 10.3.1 节确定的各个评价等级的效应值，再根据式（9-48）和式（9-49）可计算出子目标"国家风险易损性"的最小效应值和最大效应值。由于该阶段的评估属于完全信息下的投标/不投标决策评估，故 $\beta_H = 0$，即 $u_{\max}(Y_1) = u_{\min}(Y_1)$。

$$u_{\max}(Y_1) = u_{\min}(Y_1) = \sum_{n=1}^{5} \beta_n u(H_n) = (-1) \times 0 + (-0.431) \times 0.036 +$$
$0.067 \times 0.295 + 0.564 \times 0.466 + 1 \times 0.203 \approx 0.471$

"国家风险易损性"指标的总效应值 0.471 明显大于阈值 0.067，故不能得出不参与投标的结论。在得出以上结论后，承包商应继续追踪该项目，并根据获取的项目相关信息，对能否顺利完成项目进行评估。

10.3.3 项目执行能力评估

在进行"项目执行能力"评估时，需要额外确定"项目难度水平"因素组下的各个因素的属性值及权重，并重新确定三个因素组之间的相对权重。关于"项目难度水平"方面的信息相对较少，且主要集中于项目的基本特征，可以在正式购买招标文件前通过招标公告或其他渠道获取，因此，需要在购买招标文件前进行"项目执行能力"的评估。如果评估可以得出不参与投标的结论，承包商可以节约购买招标文件及支付投标保证金等与之相关的费用，以及其他不必要的资源投入。

因素"项目工期"和"项目投标期限"均为定量收益型变量，根据决策评审专家的意见确定类似规模项目的最长或最短的项目工期和投标期限。通过招标信息确定本项目的工期及投标期限要求，并根据上文类似于"国家政治稳定性"的相关方法确定其语言评价等级分布。因素"项目复杂程度"和"业主特殊要求"均为定性变量，需根据专家的评审意见确定其评价等级分布。如果在购买招标文件前进行"项目执行能力"指标的评估，由于决策评审专家缺乏足够的项目信息，无法对业主是否有特殊要求和要求程度大小做出判断，因此会得出信息不完全的决策。在未向决策评审专家提供招标文件信息的条件下，三位专家对"业主特殊要求"均未给予任何评价，从而出现不完全信息的投标/不投标决策情况。根据上述数据可计算得出"项目难度水平"因素组下的各个因素的属性值，如表 10.3 所示。

表 10.3 项目难度水平下各因素的属性值

序号	项目难度水平因素	属性值
1	项目工期	$S(e_{16}) = \{(H_1,0),(H_2,0),(H_3,0.4),(H_4,0.6),(H_5,0)\}$
2	项目投标期限	$S(e_{17}) = \{(H_1,0),(H_2,0),(H_3,1),(H_4,0),(H_5,0)\}$
3	项目复杂程度	$S(e_{18}) = \{(H_1,0),(H_2,0),(H_3,0.742),(H_4,0.258),(H_5,0)\}$
4	业主特殊要求	$S(e_{19}) = \{(H_1,0),(H_2,0),(H_3,0),(H_4,0),(H_5,0),(H,1)\}$

三位专家对"项目难度水平"下各个因素的偏好关系以及"项目执行能力"指标下各个因素组的偏好关系进行评估。根据 10.7 节确定指标权重的方法，可以计算得出"项目难度水平"因素组下各个因素之间及"项目执行能力"指标下三个因素组之间的相对权重，具体如下：

$$w_2 = \{w_{2(16)}, w_{2(17)}, w_{2(18)}, w_{2(19)}\} = \{0.398, 0.159, 0.350, 0.094\}$$
$$W_2 = \{W_{21}, W_{22}, W_{23}\} = \{0.524, 0.123, 0.353\}$$

基于以上计算得出权重和因素的属性值，采用证据推理方法可计算得出指标"项目执行能力"的语言等级分布属性值：

$$S(Y_2) = \{(H_1, 0), (H_2, 0.072), (H_3, 0.355), (H_4, 0.439), (H_5, 0.119), (H, 0.015)\}$$

根据 10.3.1 节设定的各个语言等级的效应值及效应值的计算方法，可得出"项目执行能力"的最大和最小效应值。

$$u_{\max}(Y_2) = \sum_{n=1}^{4} \beta_n u(H_n) + (\beta_5 + \beta_H) u(H_5)$$
$$= 0.072 \times (-0.431) + 0.355 \times 0.067 + 0.439 \times 0.564 +$$
$$(0.119 + 0.015) \times 1$$
$$\approx 0.375$$

$$u_{\min}(Y_2) = (\beta_1 + \beta_H) u(H_1) + \sum_{n=2}^{5} \beta_n u(H_n)$$
$$= (0 + 0.015) \times (-1) + 0.072 \times (-0.431) + 0.355 \times 0.067 +$$
$$0.439 \times 0.564 + 0.119 \times 1$$
$$\approx 0.344$$

在部分因素信息不完全的情况下，评估得出指标"项目执行能力"的属性值也存在一定的不确定性。由于存在不完全信息因素的数量相对较少及权重相对较小，因此对"项目执行能力"指标的总体影响相对较小，仅占 1.5% 的比例。指标"项目执行能力"的最小效应值（0.346）仍大于阈值 0.067，说明指标"项目执行能力"满足参与继续追踪项目的要求。通过该指标的评估，指导承包商可以继续追踪项目。

在子目标指标"国家风险易损性"和"项目执行能力"的评估中，对案例的演算过程进行了详细说明，阐述如何处理决策模型中存在的定性变量与定量变量并存，以及信息不完全等问题的过程。在后续指标的评价中，仅提供计算结果，对具体的演算过程不再作详细赘述。

10.3.4 项目风险易损性评估

在项目未招标前或投标者未购买招标文件前，与项目风险相关的信息难以确定，从而给决策造成很大的不确定性。在购买招标文件前，假设与项目风险相关的因素的信息是未知的。根据专家对这些未知信息的因素及其偏好关系的评估以及"项目风险易损性"下的4个因素组的偏好关系评估,得出项目风险易损性的属性值为

$$S(Y_3^*) = \{(H_1,0),(H_2,0.027),(H_3,0.211),(H_4,0.354),(H_5,0.121),(H,0.288)\}$$

$$u_{\min}(Y_3^*) = 0.035, u_{\max}(Y_3^*) = 0.611$$

由于项目风险因素存在信息未知的特征,从而造成决策结果中的不确定性概率值很大($\beta_{H,3} = 28.8\%$)。同时,该子目标指标的效应最小值小于阈值,但效应最大值大于阈值,说明该指标的最终确定有待更多的信息补充。由于该指标的前两个子目标指标的决策结果较好,且在该阶段未知信息可以得到进一步完善和补充,因此决策结果是建议承包商在项目正式招标后购买招标文件进一步跟进项目。待承包商购买招标文件后,其掌握的项目信息也随之增加,除所涉及的项目风险因素的信息状况得以明确外,前期其他子目标指标评估中存在的不完全信息的因素也逐步明确,这时前期的子目标指标需要根据补充的信息对决策结果进行修正。如果后期获取的信息仍不足以对原先的评估进行改善,则保持原有的属性值不变。例如,对上一节指标"项目执行能力"评估中因素"业主特殊要求"未给予任何评估值,但承包商获取项目的招标文件后,决策评审专家通过对招标文件(招标要求或合同条件等)的研究,从而对因素"业主特殊要求"有了一定程度的认识。因此,针对前一阶段决策存在不完全信息的问题,下一阶段在指标评估前需要根据掌握的信息对前一阶段不完全信息评估的因素属性进行修正。承包商购买招标文件后(包含现场踏勘),三位决策评审专家对评审指标"项目执行能力"中的因素"业主特殊要求"重新进行评估。待完成对前期评审阶段部分因素的调整后,决策评审专家需对因素组"项目风险"内各个因素的属性值进行评估。基于补充的项目风险方面的信息,通过证据推理方法得出子目标指标"项目风险易损性"的属性值如下:

$$S(Y_3) = \{(H_1,0),(H_2,0.080),(H_3,0.387),(H_4,0.404),(H_5,0.130)\}$$

$$u_{\max}(Y_3) = u_{\min}(Y_3) = 0.349$$

承包商购买招标文件后,子目标指标"项目风险易损性"的效应值为0.349,大于设定的阈值0.067,故指标"项目风险易损性"的评估结果不能否定参加投标的决策。因此,关于投标/不投标决策还需要根据后续的"项目盈利性"评估进一步确定是否进行投标。

10.3.5 项目盈利性评估

评审专家需对新增的因素组"期望利润"下的各个因素及偏好关系进行评

估。此外，还要对指标"可盈利性"下的各个因素组的偏好关系进行评估。根据以上评审专家提供的评估结果，运用本章设计的相应算法，可得出如下结果：

$$S(Y_4) = \{(H_1,0),(H_2,0.061),(H_3,0.436),(H_4,0.377),(H_5,0.126)\}$$
$$u_{\max}(Y_4) = u_{\min}(Y_4) = 0.453$$

由以上分析结果可知，子目标指标"可盈利性"的评估结果不能否定参与项目投标的决策，故仍需进一步对指标"项目中标概率"进行评估。

10.3.6 项目中标概率评估

三位评审专家根据承包商参与现场踏勘及通过招标文件答疑会等渠道获取的信息，对项目竞争的激烈程度进行评估。由于潜在竞争对手的相关信息具有较高的保密性，因此与其相关的影响因素存在信息不完全的特征。根据具体数据，可得出以下决策子目标指标结果：

$$S(Y_5) = \{(H_1,0),(H_2,0.021),(H_3,0.436),(H_4,0.317),(H_5,0.094),$$
$$(H,0.132)\}$$
$$u_{\max}(Y_5) = 0.160$$
$$u_{\min}(Y_5) = 0.425$$

由于在部分因素存在信息不完全的条件下，指标"项目中标概率"的最小效应值（0.160）仍大于设定的阈值（0.067），从而指标"项目中标概率"的评价结果不能否定参与项目投标的决策。通过采用多指标分阶段对案例项目投标决策进行评估，评价结果均不能否定对案例项目进行投标的决策，最后需要根据总目标指标的效应值最终判断是否参与项目投标。如果总目标指标的阈值保持与子目标指标的阈值相同（均为0.067），则可直接得出参与项目投标的决策，因为不论各个子目标指标的权重如何变化，其总效应值都必将大于0.067。因此，当提高投标/不投标决策总效应的阈值时，需要对各个子目标指标的属性值进一步融合。

10.3.7 投标总目标指标评估

三位评估专家关于总目标指标阈值的设定在认识上基本一致，总目标指标的阈值大于或等于子目标指标的阈值。专家1认为总目标指标的阈值要略大于子目标指标的阈值，在子目标指标阈值的基础上提高10%，则阈值设定为0.067×(1+10%)=0.074。专家2认为总目标指标的阈值与子目标指标的阈值相同，仍为0.067。专家3认为总目标指标的阈值应位于评价等级"一般"和"较好"的效应值的中点，即(0.067+0.564)/2=0.316。本章采用均值法，可得该承包商将投标决策总目标指标的阈值设定为0.152，高于各个子目标指标的阈值

（0.067），因此需要对"投标决策总目标指标Y_0"进一步评估。各位决策评审专家需要对5个子目标指标的偏好关系进行评估，结合已确定的各个子目标指标的属性值，从而最终确定总指标的效应值。

结合模糊偏好关系方法和证据推理方法可确定各个子目标指标的权重集W_0，再运用证据推理方法对各个子目标指标进行信息融合，可得到如下结果：

$S(Y_0) = \{(H_1,0),(H_2,0.046),(H_3,0.362),(H_4,0.440),(H_5,0.142),H,0.011)\}$

$u_{\max}(Y_0) = 0.406$

$u_{\min}(Y_0) = 0.384$

由以上计算结果可知，尽管决策中存在一定的不确定性（1.1%），但投标决策的总效应值的最小值为0.384，大于总目标指标设定的阈值0.152，因此，最后得出投标/不投标的决策结果为参与项目的投标。

10.3.8 结论与讨论

10.3.8.1 决策模型可行性验证

在本章案例项目中，基于证据推理理论的不完全信息下多阶段国际工程投标/不投标决策模型不仅能有效处理其所涉及的众多指标及权重的定性评估问题，而且能处理国际工程项目普遍存在的部分影响因素信息不完全甚至未知的问题。此外，该决策模型能够根据投标人所掌握的信息情况详细说明不同阶段的决策结果，因此利用该模型处理国际工程的投标/不投标决策问题是可行的。

本章对案例项目的经理做了一次访谈，要求其对该项目投标决策情况做总体性的评估，评估项目是否值得投标（实际该项目完成后略有亏损）。项目经理的评估结果是该项目是值得投标的。因为该项目为投标人Z开拓了越南市场，并且在项目实施阶段该投标人还在越南市场赢得了一个更大的合同。本章的决策结果与该项目经理的评估结果是一致的，从而进一步验证了本决策模型的可行性。

10.3.8.2 决策判定原则的调整

不完全信息会造成部分子指标的效应值小于设定的阈值。但实际上，在未购买招标文件的情况下，仅子目标指标"项目风险易损性"和"中标概率"的效应值可能小于阈值（如图10.1），而且因不完全信息引起两个子目标指标小于阈值的概率很小。该结果反映出不确定性概率（$\beta_{H,k}$）不能有效地反映投标者所关注的不确定性概率。按照常规，投标者应该更加关注效应值低于阈值的概率大小（下文简称"低阈值概率"）。因此，这里对前文设定的不确定性概率作为判定标准进行调整，将"低阈值概率"替代"不确定性概率"。"低阈值概率"的计算方法如下：

$$PLT = \frac{Thd - u_{\min}(Y_k)}{u_{\max}(Y_k) - u_{\min}(Y_k)}, k = 0,1,\cdots,5 \qquad (10-2)$$

式中，PLT 表示子目标效应值小于阈值的概率，Thd 表示阈值，$u_{\max}(Y_k)$ 和 $u_{\min}(Y_k)$ 分别表示第 k 个子目标的最大和最小效应值，$\beta_{H,k}$ 表示信息不完全引起的不确定性概率。

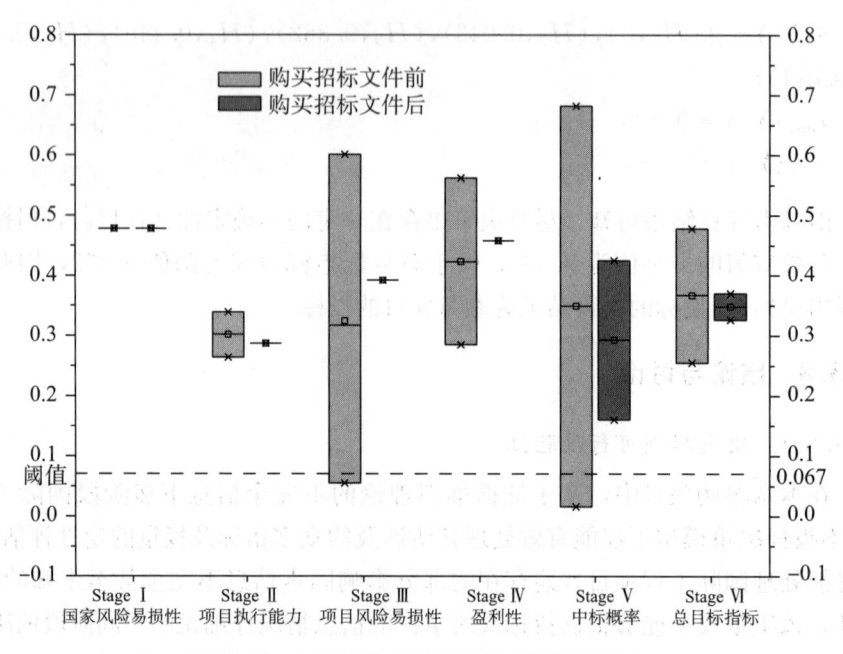

图 10.1 不完全信息对指标满足阈值的影响

10.4 投标/不投标决策模型准确性验证

10.4.1 案例实验设计

本章采用案例实验法来对比两种不同类型的投标决策方法之间的准确率差异，通过决策准确率的高低确定决策方法的优劣。尽管前文的案例项目被参与者一致认定为值得投标，但由于项目的中标价格偏低且存在部分技术难题等问题，从而使该项目对于其他不了解项目的投标决策者而言存在一定程度的疑惑性。本章以该项目作为实验案例可以突显不同决策方法的差异。由于采用模型决策的操作时间较长，故通过邮件及电话邀请部分业界的从业者参与实验，但受邀者均以时间受限为由谢绝参与。此外，文献 [150] 在其实验案例法的研究结果中发现，无经验的实验对象相对于有经验的实验对象对不同类型的决策方法更加敏感。因此，本章以具有一定投标理论知识的工程管理专业在校大四本科生作为实验对象。

文献[212]指出，当实验具有两个以上的分组时，每个组分配15个样本足够满足要求。本章的实验设计中将实验对象分为两组（采用决策模型组和采用直觉判断组），因此实验所需的最小样本数量为30个，每组各15个。通过随机抽签的方式将实验对象均等分为两组，一组采用直觉判断，另一组采用投标/不投标决策模型。为避免两组成员之间交流可能对实验结果产生影响，实验前对各组的具体任务进行保密。该实验首先对采用直觉法的参与者进行测试，根据项目跟踪的进程分阶段向其披露项目的信息，包括前文三位专家对各个因素的定性属性以及各个因素、因素组及子目标之间的偏好关系的定性评估。各参与者根据获取的信息独立确定是否参与项目投标。为避免其决策结果对下一组的参与者产生影响，要求其在实验后不得透露实验的具体情况。此外，在完成实验后，要求各参与者对各自的决策自信度进行客观评价，采用李克特1~5评价等级（1表示完全不自信，5表示完全自信）。

10.4.2 案例实验法结果分析

对采用两种不同类型的投标/不投标决策方法的实验对象的决策结果进行统计整理，具体如表10.4所示。采用决策模型进行决策的实验对象，均选择参与对案例项目进行投标，决策的准确率为100%。而采用主观判断进行决策的实验对象，有10人决策正确，其余5人决策错误，决策准确率为66.67%。尽管本章的案例实验在案例的数量上和实验对象的选择上存在一定的局限性，但两种决策方法在决策结果的准确率上的巨大差异能较有力地证明本章提出的投标/不投标决策模型相比于传统依赖于决策者的主观判断、直觉和经验的决策方法，能有效提高投标/不投标决策的准确率。

表10.4 主观判断法与模型决策法的准确率对比

	主观判断法	模型决策法
决策正确数量	10	15
决策错误数量	5	0
决策总人数	15	15
决策准确率	66.67%	100%

除决策的准确率外，采用不同决策方法的决策者对其决策结果的自信度也可能存在显著性差异。为检验该差异，通过Kolmogorov-Smirnov检验实验对象自信度打分的分布状况，从而确定采用不同决策方法的实验对象在决策自信度上的差异。检验结果如表10.5所示。Kolmogorov-Smirnov的显著性水平小于

0.05，说明实验对象的自信度打分不服从正态分布。因此，检验两组样本差异性的方法不能采用独立样本 t 检验，于是采用非参数检验的 Mann-Whitney U 法，检验结果如表 10.6 所示。由 Mann-Whitney U 法检验得出的渐近显著性水平为 0.033，小于 0.05，说明采用两种投标决策方法在决策自信度上存在显著性差异。采用决策模型进行决策的自信度均值大于采用主观判断进行决策的自信度均值，说明采用决策模型的自信度要显著高于采用主观判断。综上所述，采用本章提出的投标/不投标决策模型进行决策，相对于传统的主观判断决策，能有效提高决策者对决策结果的自信度。

表 10.5 单样本 Kolmogorov-Smirnov 检测

指标名称	Kolmogorov-Smirnov 检测	P 值
决策结果自信度	0.331	0.000

表 10.6 独立样本 Mann-Whitney U 检测

指标名称	主观判断均值	决策模型均值	渐近 P 值
决策结果自信度	3.533	4.000	0.033

10.5　本章小结

本章研究的主要目标是验证基于证据推理理论的多阶段国际工程投标/不投标决策模型的可行性和准确性。首先，以某具体国际工程的投标决策过程为研究案例，根据相关权威机构提供的历史数据及案例投标企业的专家评估意见，详细阐述基于证据推理理论的投标/不投标决策模型对6个指标（5个子指标，1个总指标）进行分阶段决策评估的过程，决策模型能给出各个阶段决策指标评估的明确结论，从而说明该决策模型对于解决国际工程投标/不投标决策问题是可行的。鉴于由决策模型得出的决策结果与案例项目的项目经理后期评价决策结果保持高度一致，从而进一步验证了投标/不投标决策模型的可行性。其次，以投标案例为实验案例，运用案例实验法对采用决策模型法与直觉判断法的两组决策实验对象的决策正确率进行对比，从而得出利用模型决策法能有效改善决策准确率。案例实验的结果显示，采用模型决策法的准确率明显高于直觉判断法。

参考文献

[1] Mawhinney M. International construction [M]. 1版. London: Blackwell Science Ltd, 2001.

[2] 李启明. 国际工程管理 [M]. 2版. 南京: 东南大学出版社, 2019.

[3] Ashley David B, Bonner Joseph J. Political risks in international construction [J]. Journal of Construction Engineering and Management, 1987, 113 (3): 447-467.

[4] Lee Kang Wook, Han Seung H. Quantitative analysis for country classification in the construction industry [J]. Journal of Management in Engineering, 2017, 33 (4): 1-13.

[5] Chen Chuan. Entry strategies for international construction markets [D]. Philadelphia: The Pennsylvania State University, 2005.

[6] Pheng Low Sui, Hongbin Jiang, Leong Christopher H Y. A comparative study of top British and Chinese international contractors in the global market [J]. Construction Management and Economics, 2004, 22 (7): 717-731.

[7] Chen Chuan, Chiu Pi Chu, Orr Ryan J, et al. An empirical analysis of Chinese construction firms' entry into Africa [C] //The CRIOCM 2007 International Symposium on Advancement of Construction Management and Real Estate, 2007 (8): 451-463.

[8] Zhao Zhenyu, Shen Liyin. Are Chinese contractors competitive in international markets? [J]. Construction Management and Economics, 2008, 26 (3): 225-236.

[9] 刁春和. 中国对外承包工程发展现状及展望 [J]. 中国建筑金属结构, 2009 (6): 10-12.

[10] 中华人民共和国国家统计局. 中国统计年鉴 (2017) [M]. 北京: 中国统计出版社, 2017.

[11] 辛修明. 我国建筑工程行业"走出去"的机遇、挑战与对策 [J]. 工程建设标准化, 2018 (11): 35-38.

[12] 庞超然. 开创高质量发展新局面——2017年对外承包工程发展综述 [J]. 国际经济合作, 2018 (4): 35-40.

[13] 易书林. 中国对外承包工程的发展现状及路径选择 [J]. 对外经贸实务, 2015 (8): 33-36.

[14] 周旭荣, 韩长军. 做好国际工程的九大"良方" [J]. 中国招标, 2011 (49): 28-30.

[15] Messner John. An information framework for evaluating international construction projects [D]. Philadelphia: The Pennsylvania State University, 1994.

[16] Chen Chuan, Messner John I. Entry mode taxonomy for international construction markets [J]. Journal of Management in Engineering, 2009, 25 (1): 3-11.

[17] Chen Chuan. Entry mode selection for international construction markets: The influence of host country related factors [J]. Construction Management and Economics, 2008, 26 (3): 303-314.

[18] Chen Chuan, Messner John I. Permanent versus mobile entry decisions in international construction markets: Influence of home country and firm related factors [J]. Journal of Management in Engineering, 2011, 27 (1): 2-12.

[19] 程商综. 国际工程承包市场: 谁的盛宴 [J]. 施工企业管理, 2005 (12): 7-14.

[20] 梁新宁, 刘贵文. 我国建筑企业拓展美国市场的研究 [D]. 重庆: 重庆大学, 2010.

[21] Root F R. Entry strategies for international markets [M]. Massachusetts: D. C. Health and Company, 1987.

[22] Chen Yongqiang, Zhang Sujuan, Liu Lisha, et al. Risk perception and propensity in bid/no-bid decision-making of construction projects [J]. Engineering, Construction and Architectural Management, 2015, 22 (1): 2-20.

[23] 曹迪. 中企海外工程承包的市场业态及拓新策略 [J]. 对外经贸实务, 2019 (1): 54-57.

[24] 孙林霞, 李钒. 开放经济下我国国际工程承包业的SWOT分析与战略选择 [J]. 特区经济, 2012 (1): 230-232.

[25] Pheng Low Sui, Hongbin Jiang. Internationalization of Chinese construction enterprises [J]. Journal of Construction Engineering and

Management, 2003, 129 (6): 589—598.

[26] Dikmen Irem, Birgonul M Talat. Neural network model to support international market entry decisions [J]. Journal of Construction Engineering and Management, 2004, 130 (1): 59—66.

[27] Ozorhon Beliz, Dikmen Irem, Birgonul M Talat. Case-based reasoning model for international market selection [J]. Journal of Construction Engineering and Management, 2006, 132 (9): 940—948.

[28] Maqsoom Ahsen, Charoenngam Chotchai, Masood Rehan, et al. Foreign market entry considerations of emerging economy firms: An example of Pakistani contractors [C] //Procedia Engineering, 2014, 77: 222—228.

[29] Brewewer Paul. Psychic distance and Australian export market selection [J]. Australian Journal of Management, 2007, 32 (1): 73—94.

[30] Clark Timothy, Pugh Derek S. Foreign country priorities in the internationalization process: A measure and an exploratory test on British firms [J]. International Business Review, 2001, 10 (3): 285—303.

[31] Ellis Paul D. Paths to foreign markets: Does distance to market affect firm internationalisation? [J]. International Business Review, 2007, 16 (5): 573—593.

[32] Malhotra Shavin, Sivakumar K, Zhu Pengcheng. Distance factors and target market selection: The moderating effect of market potential [J]. International Marketing Review, 2009, 26 (6): 651—673.

[33] Gunhan Suat, Arditi David. Factors affecting international construction [J]. Journal of Construction Engineering and Management, 2005, 131 (3): 273—282.

[34] Erramilli M Krishna. The experience factor in foreign market entry behavior of service firms [J]. Journal of International Business Studies, 1991, 22 (3): 479—501.

[35] Mitra Debanjan, Golder Peter N. Whose culture matters? Near-market knowledge and its impact on foreign market entry timing [J]. Journal of marketing research, 2002, 39 (3): 350—365.

[36] Malhotra Shavin, Sivakumar K, Zhu Pengcheng. Distance factors and target market selection: The moderating effect of market potential [J]. International Marketing Review, 2009, 26 (6): 651—673.

[37] Terpstra Vern, Yu Chwo Ming. Determinants of foreign investment of

US advertising agencies [J]. Journal of International Business Studies, 1988, 19 (1): 33-46.

[38] Kogut Bruce, Singh Harbir. The effect of national culture on the choice of entry mode [J]. Journal of International Business Studies, 1988, 19 (3): 411-432.

[39] Rothaermel Frank T, Kotha Suresh, Steensma H Kevin. International market entry by U. S. Internet firms: An empirical analysis of country risk, national culture, and market size [J]. Journal of Management, 2006, 32 (1): 56-82.

[40] Musso Fabio, Francioni Barbara. How do smaller firms select foreign markets? [J]. International Journal of Marketing Studies, 2012, 4 (6): 44-53.

[41] Ojala Arto, Tyrväinen Pasi. Market entry and priority of small and medium-sized enterprises in the software industry: An empirical analysis of cultural distance, geographic distance, and market size [J]. Journal of International Marketing, 2007, 15 (3): 123-149.

[42] Pothukuchi Vijay, Damanpour F, Choi Jaepil, et al. National and organizational culture differences and international joint venture performance [J]. Journal of International Business Studies, 2002, 33 (2): 243-265.

[43] Dow Douglas. A note on psychological distance and export market selection [J]. Journal of International Marketing, 2000, 8 (1): 51-64.

[44] Seung H Han, Diekmann James E. Approaches for making risk-based go/no-go decision for international projects [J]. Journal of Construction Engineering & Management, 2001, 127 (4): 300-308.

[45] Andersen Poul H, Strandskov Jesper. International market selection: A cognitive mapping perspective [J]. Journal of Global Marketing, 1997, 11 (3): 65-84.

[46] Agarwal Sanjeev, Ramaswami Sridhar N. Choice of foreign market entry mode: Impact of ownership, location and internalization factors [J]. Journal of International Business Studies, 1992, 23 (1): 1-27.

[47] Pan Yigang, David K Tse. The hierarchical model of market entry modes [J]. Journal of International Business Studies, 2000, 31 (4): 535-554.

[48] Tse David K, Pan Yigang, Au Kevin Y. How MNCs choose entry modes and form alliances: The China experience [J]. Journal of

International Business Studies, 1997: 779-805.

[49] Badger William W, Mulligan Donald E. Rationale and benefits associated with international alliances [J]. Journal of Construction Engineering and Management, 1995, 121 (1): 100-111.

[50] Tiong R, Yeo K T. Project financing as a competitive strategy in winning overseas jobs [J]. International Journal of Project Management, 1993, 11 (2): 79-86.

[51] Tiong Robert L K. Comparative study of BOT projects [J]. Journal of Management in Engineering, 1990, 6 (1): 107-122.

[52] Sridharan Govindan. Managing technology transfer in construction joint ventures [J]. AACE International Transactions, 1994 (6): 1-6.

[53] Schirmer Jr Howard. Global expansion: A growing dilemma [J]. Journal of Management in Engineering, 1996, 12 (5): 28-31.

[54] Geringer J Michael, Hebert Louis. Control and performance of international joint ventures [J]. Journal of International Business Studies, 1989, 20 (2): 235-254.

[55] Mohamed Sherif. Performance in international construction joint ventures: Modeling perspective [J]. Journal of Construction Engineering and Management, 2003, 129 (6): 619-626.

[56] Fisher Timothy F, Ranasinghe Malik. Culture and foreign companies' choice of entry mode: The case of the Singapore building and construction industry [J]. Construction Management & Economics, 2001, 19 (4): 343-353.

[57] Ling Florence Yean Yng, Ibbs C William, et al. Entry and business strategies used by international architectural, engineering and construction firms in China [J]. Construction Management and Economics, 2005, 23 (5): 509-520.

[58] Ashley David B, Bonner Joseph J. Political risks in international construction [J]. Journal of Construction Engineering and Management, 1987, 113 (3): 447-467.

[59] Hofstede Geert. Management scientists are human [J]. Management Science, 1994, 40 (1): 4-13.

[60] Hofstede Geert. Culture's consequences [M]. London: Sage Publications, 2001.

[61] Erramilli M Krishna, Rao Chatrathi P. Service firms' international

entry-mode choice: A modified transaction-cost analysis approach [J]. Journal of Marketing, 1993, 57 (3): 19−38.

[62] Erramilli M Krishna, Agarwal Sanjeev, Dev Chekitan S. Choice between non-equity entry modes: An organizational capability perspective [J]. Journal of International Business Studies, 2002, 33 (2): 223−242.

[63] Luo Yadong. Determinants of entry in an emerging economy: A multilevel approach [J]. Journal of Management Studies, 2001, 38 (3): 443−472.

[64] Gatignon Hubert, Anderson Erin. The multinational corporation's degree of control over foreign subsidiaries: An empirical test of a transaction cost explanation [J]. JL Econ. & Org., 1988 (4): 305.

[65] Karakaya Fahri, Stahl Michael J. Entry barriers and market entry decisions: A guide for marketing executives [M]. New York: Quorum Books, 1991.

[66] Ostler C H. Country analysis, its role in the international construction industry's strategic planning procedure [C] //Opportunities and Strategies in a Global Market Place, First International Construction Marketing Conference, Construction Management Group, School of Civil Engineering, University of Leeds, 1998.

[67] Sabi Manijeh. An application of the theory of foreign direct investment to multinational banking in LDCs [J]. Journal of International Business Studies, 1988, 19 (3): 433−447.

[68] Hill Charles W L, Hwang Peter, Kim W Chan. An eclectic theory of the choice of international entry mode [J]. Strategic Management Journal, 1990, 11 (2): 117−128.

[69] Kim W Chan, Hwang Peter. Global strategy and multinationals' entry mode choice [J]. Journal of International Business Studies, 1992, 23 (1): 29−53.

[70] Buckley Peter J, Casson Mark C. Analyzing foreign market entry strategies: Extending the internalization approach [J]. Journal of International Business Studies, 1998, 29 (3): 539−561.

[71] Gomes Casseres Benjamin. Firm ownership preferences and host government restrictions: An integrated approach [J]. Journal of International Business Studies, 1990, 21 (1): 1−22.

[72] Scherer Frederic M, Ross David. Industrial market structure and economic performance [C] //University of Illinois at Urbana-Champaign's academy for entrepreneurial leadership historical research reference in entrepreneurship, 1990.

[73] Harrigan Kathryn Rudie. Strategic flexibility: A management guide for changing times [M]. New York: Simon and Schuster, 1985.

[74] Arora Ashish, Fosfuri Andrea. Wholly owned subsidiary versus technology licensing in the worldwide chemical industry [J]. Journal of International Business Studies, 2000, 31 (4): 555-572.

[75] Cosset Jean Claude, Roy Jean. The determinants of country risk ratings [J]. Journal of International Business Studies, 1991, 22 (1): 135-142.

[76] Messner John I, Sanvido Victor E. An information model for project evaluation [J]. Engineering, Construction and Architectural Management, 2001, 8 (5-6): 393-402.

[77] Sanvido Victor E. Towards a process based information architecture for construction [J]. Civil Engineering Systems, 1990, 7 (3): 157-169.

[78] Luiten G, Froese T, Björk B C, et al. An information reference model for architecture, engineering, and construction [C] //First International Conference on the Management of Information Technology for Construction. Citeseer, 1993: 1-10.

[79] Messner John I. An information framework for evaluating international construction projects [D]. Journal of International Business Studies, The Pennsylvania State University, 1994.

[80] Daniels John D, Radebaugh Lee H, Sullivan Daniel P. International business environments and operations [M]. New York: Pearson Education Limited, 2015.

[81] Lawrence John J, Yeh Ryh Song. The influence of Mexican culture on the use of Japanese manufacturing techniques in Mexico [J]. MIR: Management International Review, 1994: 49-66.

[82] Mellado Rebeca Catalina. Factors affecting the evaluation of construction projects for the Venezuelan petroleum industry [D]. Philadelphia: Pennsylvania State University, 1996.

[83] Friedman F. A competitive bidding strategy [J]. Operation Research, 1956, 4: 104-112.

[84] Gates M. Bidding strategies and probabilities [J]. Journal of

Construction Division, 1967, 93 (3): 75-107.

[85] Morin T L, Richard H Clough. OPBID: Competitive bidding strategy model [J]. Journal of Construction Division, 1969, 95 (7): 85-106.

[86] Rothkopf Michael H. A model of rational competitive bidding [J]. Management Science, 1969, 15 (7): 362-373.

[87] Carr Robert I, Sandahl John W. Bidding strategy using multiple regression [J]. Journal of the Construction Division, 1978, 104 (1): 15-26.

[88] Naykki P. On optimal bidding strategies [J]. Management Science, 1976, 23 (2): 198-203.

[89] Engelbrecht Wiggans Richard. The effect of regret on optimal bidding in auctions [J]. Management Science, 1989, 35 (6): 685-692.

[90] Deltas George, Engelbrecht Wiggans Richard. Naive bidding [J]. Management Science, 2001, 51 (3): 328-338.

[91] King Malcolm, Mercer Alan. Problems in determining bidding strategies [J]. Journal of the Operational Research Society, 1985, 36 (10): 915-923.

[92] Gates M. A bidding strategy based on ESPE [J]. Cost Ertgineering, 1983, 25 (6): 27-35.

[93] Wanous M, Boussabaine A H, Lewis J. Tendering factors considered by Syrian contractors [J]. ARCOM, 14th Oxford. Annual Conference Proceedings, 1998, 2: 535-543.

[94] Wanous M, Boussabaine A H, Lewis J. To bid or not to bid: A parametric solution [J]. Construction Management and Economics, 2000, 18 (4): 457-466.

[95] Wanous Mohammed, Boussabaine Halim A, Lewis John. A neural network bid/no-bid model: The case for contractors in Syria [J]. Construction Management and Economics, 2003, 21 (7): 737-744.

[96] Ahmad Irtishad, Minkarah Issam. Questionnaire survey on bidding in construction [J]. Journal of Management in Engineering, 1988, 4 (3): 229-243.

[97] Fellows Richard, Liu Anita. Research methods for construction [M]. 4th ed. New York: John Wiley & Sons, 2015.

[98] Hassanein, Amr A G. Factors affecting the bidding behaviour of contractors in Egypt [J]. Building Research and Information, 1996, 24

(4): 228-236.

[99] Egemen Mehmedali, Mohamed Abdulrezak. A framework for contractors to reach strategically correct bid/no-bid and mark-up size decisions [J]. Building and Environment, 2007, 42: 1373-1385.

[100] Bagies Abdulrahman, Fortune Chris. Bid/no-bid decision modelling for construction projects [C] //Association of Researchers in Construction Management, ARCOM 2006 – Procs 22nd Annual ARCOM Conference. 2006, 1 (9): 511-521.

[101] El Mashaleh Mohammad S. Empirical framework for making the bid/no-bid decision [J]. Journal of Management in Engineering, 2013, 29 (3): 200-205.

[102] Agnieszka Leniak, Edyta Plebankiewicz. Modeling the decision-making process concerning participation in construction bidding [J]. Journal of Management in Engineering, 2015, 31 (2): 1-9.

[103] Morteza Shokri Ghasabeh, Nicholas Chileshe. Critical factors influencing the bid/no-bid decision in the Australian construction industry [J]. Construction Innovation, 2016, 16 (2): 127-157.

[104] Olatunji Oluwole Alfred, Aje Olaniyi Isaac, Makanjuola Sina. Bid or no-bid decision factors of indigenous contractors in Nigeria [J]. Engineering, Construction and Architectural Management, 2017, 24 (3): 378-392.

[105] Odusote O O, Fellows R F. An examination of the importance of resource considerations when contractors make project selection decisions [J]. Construction Management and Economics, 1992, 10 (2): 137-151.

[106] Shash Ali A. Factors considered in tendering decisions by top UK contractors [J]. Construction Management and Economics, 1993, 11 (2): 111-118.

[107] Fayek Aminah, Ghoshal Indrani, AbouRizk Simaan. A survey of the bidding practices of Canadian civil engineering construction contractors [J]. Canadian Journal of Civil Engineering, 1999, 26 (1): 13-25.

[108] Bageis Abdulrahman Salem, Fortune Chris. Factors affecting the bid/no-bid decision in the Saudi Arabian construction contractors [J]. Construction Management and Economics, 2009, 27 (1): 53-71.

[109] Jarkas Abdulaziz M, Mubarak Saleh A, Kadri Charles Y. Critical

[110] factors determining bid/no-bid decisions of contractors in qatar [J]. Journal of Management in Engineering, 2014, 30 (4): 0501400.

[110] Leniak Agnieszka, Plebankiewicz Edyta. Modeling the decision-making process concerning participation in construction bidding [J]. Journal of Management in Engineering, 2015, 31 (2): 1-9.

[111] Koch Adam J. Selecting overseas markets and entry modes: Two decision processes or one? [J]. Marketing Intelligence & Planning, 2001, 19 (1): 65-75.

[112] Han S H, Diekmann J E. Making a risk-based bid decision for overseas construction projects [J]. Construction Management and Economics, 2001, 19 (8): 765-776.

[113] Gunhan S, Arditi D. Factors affecting international construction [J]. Journal of Construction Engineering and Management, 2005, 131 (3): 273-282.

[114] Dikmen Irem, Birgonul M Talat, Han Sedat. Using fuzzy risk assessment to rate cost overrun risk in international construction projects [J]. International Journal of Project Management, 2007, 25 (5): 494-505.

[115] Eybpoosh Matineh, Dikmen Irem, Birgonul M Talat. Identification of risk paths in international construction projects using structural equation modeling [J]. Journal of Construction Engineering and Management, 2011, 137 (12): 1164-1175.

[116] O'Farrell Patrick N, Wood Peter A. International market selection by business service firms: Key conceptual and methodological issues [J]. International Business Review, 1994, 3 (3): 243-261.

[117] Dikmen Irem, Birgonul M Talat. Neural network model to support international market entry decisions [J]. Journal of Construction Engineering and Management, 2004, 130 (1): 59-66.

[118] Chen Chuan, Wang Qi, Martek Igor, et al. International market selection model for large Chinese contractors [J]. Journal of Construction Engineering and Management, 2016, 142 (10): 04016044.

[119] Dikmen Irem, Birgonul M Talat, Gur A Kemal. A case-based decision support tool for bid mark-up estimation of international construction projects [J]. Automation in Construction, 2007, 17 (1): 30-44.

[120] Zhi He. Risk management for overseas construction projects [J]. International Journal of Project Management, 1995, 13 (4): 231-237.

[121] Jaselskis Edward J, Talukhaba Alfred. Bidding considerations in developing countries [J]. Journal of Construction Engineering and Management, 1998, 124 (3): 185-193.

[122] Wang Shouqing, Dulaimi Mohammed Fadhil, Aguria Muhammad Yousuf. Risk management framework for construction projects in developing countries [J]. Construction Management and Economics, 2004, 22 (3): 237-252.

[123] El Sayegh, Sameh Monir. Risk assessment and allocation in the UAE construction industry [J]. International Journal of Project Management, 2008, 26 (4): 431-438.

[124] Egemen Mehmedali, Mohamed Abdulrezak. SCBMD: A knowledge-based system software for strategically correct bid/no-bid and mark-up size decisions [J]. Automation in Construction, 2008, 17: 864-872.

[125] Zhao Zhenyu, Shen Liyin, Zuo Jian. Performance and Strategy of Chinese Contractors in the International Market [J]. Journal of Construction Engineering and Management, 2009, 135 (2): 108-118.

[126] Zhao Zhenyu, Shen Liyin, Zuo Jian. Performance and strategy of chinese contractors in the international market [J]. Journal of Construction Engineering and Management, 2009, 135 (2): 108-118.

[127] Han Seung H, Diekmann James E, Lee Young, et al. Multicriteria financial portfolio risk management for international projects [J]. Journal of Construction Engineering and Management, 2004, 130 (3): 346-356.

[128] Han Seung H, Kim Du Y, Kim Hyoungkwan. Predicting profit performance for selecting candidate international construction projects [J]. Journal of Construction Engineering and Management, 2007, 133 (6): 425-436.

[129] Deng Xiaopeng, Low Sui Pheng, Li Qiming, et al. Developing competitive advantages in political risk management for international construction enterprises [J]. Journal of Construction Engineering and Management, 2014, 140 (9): 04014040.

[130] Deng Xiaopeng, Low Sui Pheng, Zhao Xiaobo. Project system vulnerability to political risks in international construction projects:

The case of Chinese contractors [J]. Project Management Journal, 2014, 45 (2): 20-33.

[131] Alexander C, Demacopoulos. Foreign exchange exposure in international construction [D]. Cambridge: Massachusetts Institute of Technology, 1989.

[132] Gunhan Suat, Arditi David. International expansion decision for construction companies [J]. Journal of Construction Engineering and Management, 2005, 131 (8): 928-937.

[133] Chan Edwin H W, Tse Raymond Y C. Cultural considerations in international construction contracts [J]. Journal of Construction Engineering and Management, 2003, 129 (4): 375-381.

[134] Kish Leslie. Survey sampling [M]. New York: John Wiley and Sons, 1965.

[135] Enshassi Adnan, Mohamed Sherif, El Karriri Ala'a. Factors affecting the bid/no-bid decision in the Palestinian construction industry [J]. Journal of Financial Management of Property and Construction, 2010, 15 (2): 118-142.

[136] 王春梅,徐冰冰. 工程项目投标决策的影响因素：来自中国承包商的研究 [J]. 中国港湾建设, 2016, 36 (11): 71-76.

[137] Field Andy P. Discovering statistics using SPSS [M]. 3rd ed. London: Sage Publications, 2005.

[138] Ahadzie D K, Proverbs D G, Olomolaiye P O. Critical success criteria for mass house building projects in developing countries [J]. International Journal of Project Management, 2008, 26 (6): 675-687.

[139] Ikediashi Dubem I, Ogunlana Stephen O, Boateng Prince, et al. Analysis of risks associated with facilities management outsourcing: A multivariate approach [J]. Journal of Facilities Management, 2012, 10 (4): 301-316.

[140] Han Seung H, Park Sang H, Kim Du Y, et al. Causes of bad profit in overseas construction projects [J]. Journal of Construction Engineering and Management, 2007, 133 (12): 932-943.

[141] Nunnally Jum C. Psychometric theory [M]. 3rd ed. New York: McGraw-Hill, 1994.

[142] Seung H Han, James E, Diekmann. Approaches for making risk-based go/no-go decision for international projects [J]. Journal of

Construction and Engineering Management, 2001, 127 (4): 300-308.

[143] Mohamed Marzouk, Emad Mohamed. Modeling bid/no-bid decisions using fuzzy fault tree [J]. Construction Innovation, 2017, 18 (1): 99-108.

[144] Cagno E, Caron F, Perego A. Multi-criteria assessment of the probability of winning in the competitive bidding process [J]. International Journal of Project Management, 2001, 19 (6): 313-324.

[145] Enshassi Adnan, Mohamed Sherif, El Karriri Ala'a. Factors affecting the bid/no-bid decision in the Palestinian construction industry [J]. Journal of Financial Management of Property and Construction, 2010, 15 (2): 118-142.

[146] Mahamid Ibrahim. Factors affecting contractor's business failure: contractors' perspective [J]. Engineering, construction, and architectural management, 2012, 19 (3): 269-285.

[147] Holt Gary D. Construction business failure: Conceptual synthesis of causal agents [J]. Construction Innovation, 2013, 13 (1): 50-76.

[148] Chan Edwin H W, Tse Raymond Y C. Cultural considerations in international construction contracts [J]. Journal of Construction Engineering and Management, 2003, 129 (4): 375-381.

[149] Chua D K H, Li Dong. Key factors in bid reasoning model [J]. Journal of Construction Engineering and Management, 2000, 126 (5): 349-357.

[150] Seung Heon Han. Risk-based go/no-go decision making model for international construction projects: The cross-impact analysis approach [D]. Denver: University of Colorado, 1995.

[151] Ahmad Irtishad. Decison-support system for modeling [J]. Journal of Construction Engineering and Management, 1990, 116 (4): 595-608.

[152] Chen Chen Tung, Cheng Hui Ling. A comprehensive model for selecting information system project under fuzzy environment [J]. International Journal of Project Management, Elsevier Ltd and IPMA, 2009, 27 (4): 389-399.

[153] Ravanshadnia M, Rajaie H, Abbasian H R. A comprehensive bid/no-bid decision making framework for construction companies [J]. Transaction of Civil and Environmental Engineering, 2011, 35 (C1): 95-103.

[154] Vander Weele T J, Vansteelandt S. Modelling contractor's bidding

[155] Shi Long, Zhang Ruifang, Xie Qiyuan, et al. Improving analytic hierarchy process applied to fire risk analysis of public building [J]. Chinese Science Bulletin, 2009, 54 (8): 1442−1450.

[156] D K H Chua, D Li. Key factors in bid reasoning model [J]. Journal of Construction Engineering & Management, 2000, 126 (5): 349−357.

[157] Jin Wang, Yujie Xu, Zhun Li. Research on project selection system of pre-evaluation of engineering design project bidding [J]. International Journal of Project Management, 2009, 27 (6): 584−599.

[158] Fried E, Gurtin M E. Developing a project portfolio selection model for contractor firms considering the risk factor [J]. Hamidreza Abbasianjahromi Hossein Rajaie, 2011, 40 (2): 154−157.

[159] Lowe David J, Parvar Jamshid. A logistic regression approach to modelling the contractor's decision to bid [J]. Construction Management and Economics, 2004, 22 (6): 643−653.

[160] Keizer Jimme A, Halman Johannes I M, Song Michael. From experience: Applying the risk diagnosing methodology [J]. Journal of Product Innovation Management, 2002, 19 (3): 213−232.

[161] Zhang Hongliang. A redefinition of the project risk process: Using vulnerability to open up the event-consequence link [J]. International Journal of Project Management, 2007, 25 (7): 694−701.

[162] Ock Jong H, Han Seung H, Park Hyung K, et al. Improving decision quality: A risk-based go/no-go decision for build—operate—transfer (BOT) projects [J]. Canadian Journal of Civil Engineering, 2005, 32 (3): 517−532.

[163] Friedman Lawrence. A competitive bidding strategy [J]. Operations Research, 1956, 1 (4): 104−12.

[164] Aznar Beltrán, Pellicer Eugenio, Davis Steven, et al. Factors affecting contractor's bidding success for international infrastructure projects in Australia [J]. Journal of Civil Engineering and Management, 2017, 23 (7): 880−889.

[165] Tabachnick B G, Fidell L S. Using multivariate statistics [M]. 6th ed. Boston: Pearson Education, 2012.

[166] Pallant. J. SPSS survival manual: A step by step guide to data analysis

using SPSS for Windows [M]. Open Univ. Press. UK: Allen and Unwin, 2009.

[167] Muralidhar K. Enterprise risk management in the Middle East oil industry: An empirical investigation across GCC countries [J]. International Journal of Energy Sector Management, 2010, 4 (1): 59-86.

[168] Zhao Xianbo, Hwang Bon Gang, Low Sui Pheng. Critical success factors for enterprise risk management in Chinese construction companies [J]. Construction Management and Economics, Routledge, 2013, 31 (12): 1199-1214.

[169] Liu Junying, Zhao Xianbo, Yan Peng. Risk paths in international construction projects: case study from chinese contractors [J]. Journal of construction engineering and management, 2016, 142 (6): 1-11.

[170] Fornell Claes. A second generation of multivariate analysis: Classification of methods and implications for marketing research [J]. In Review of Marketing, Chicago: Houston, M. J., 1987: 407-450.

[171] Chin Whine W. The partial least squares approach to structural equation modelling [J]. Modern Methods for Business Research, 1998, 295 (2): 295-336.

[172] Chin Wynne W, Newsted Peter R. Structural equation modeling analysis with small samples using partial least squares [J]. Statistical Strategies for Small Sample Research, 1999, 1 (1): 307-341.

[173] Bentler P M, Chou. Chih Ping. Practical issues in structural modeling [J]. Sociological Methods & Research, 1987, 16 (1): 78-117.

[174] Hair Jr, Hult G Tomas M, Ringle Christian, et al. A primer on partial least squares structural equation modeling (PLS-SEM) [M]. 2nd ed. Thousand Oaks: Sage Publications, 2016.

[175] Le Yun, Shan Ming, Chan Albert P C, et al. Investigating the causal relationships between causes of and vulnerabilities to corruption in the chinese public construction sector [J]. Journal of Construction Engineering and Management, 2014, 140 (9): 05014007.

[176] Ning Yan. Quantitative effects of drivers and barriers on networking strategies in public construction projects [J]. International Journal of Project Management, 2014, 32 (2): 286-297.

[177] Cohen Jacob. A power primer [J]. Psychological bulletin, 1992, 112 (1): 155.

[178] Kim Du Y, Han Seung H, Kim Hyoungkwan, et al. Structuring the prediction model of project performance for international construction projects: A comparative analysis [J]. Expert Systems with Applications, Elsevier Ltd, 2009, 36 (2 PART 1): 1961−1971.

[179] Barber Richard B. Understanding internally generated risks in projects [J]. International Journal of Project Management, 2005, 23 (8): 584−590.

[180] 羊柳, 钱林方, 丁晟春, 等. 面向自行火炮变型设计问题的混合案例推理技术研究 [J]. 兵工学报, 2015, 36 (11): 2190−2195.

[181] Neufville Richard, King Daniel. Risk and need-for-work premiums in contractor bidding [J]. Journal of Construction Engineering and Management, 1991, 117 (4): 659−673.

[182] Drew D S. The effect of contract type and size on competitiveness in construction contract bidding [J]. Construction Management and Economics, 1997 (15): 469−489.

[183] Zou Patrick X W, Zhang Guomin, Wang Jiayuan. Understanding the key risks in construction projects in China [J]. International Journal of Project Management, 2007, 25 (6): 601−614.

[184] Kaiser Michael G, El Arbi Fedi, Ahlemann Frederik. Successful project portfolio management beyond project selection techniques: Understanding the role of structural alignment [J]. International Journal of Project Management, Elsevier Ltd and International Project Management Association, 2015, 33 (1): 126−139.

[185] Yang J B, Wang Y M, Xu D L, et al. The evidential reasoning approach for MADA under both probabilistic and fuzzy uncertainties [J]. European Journal of Operational Research, 2006, 171 (1): 309−343.

[186] Dempster A P. Upper and lower conditional probabilities induced by a multivalued mapping [J]. Annals of Mathematical Statistics, 1967, 38: 325−339.

[187] Shafer Glenn. A mathematical theory of evidence [M]. Princeton: Princeton University Press, 1976, 42.

[188] Zadeh Lotfi. Reviews of shafer's mathematical theory of evidence [J]. AI Magazine, 1984, 5 (3): 81−83.

[189] Murphy Catherine K. Combining belief functions when evidence

conflicts [J]. Decision Support Systems, 2000, 29 (1): 1-9.

[190] Jianbo Yang, Dongling Xu. On the evidential reasoning algorithm for multiple attribute decision analysis under uncertainty [J]. IEEE Transactions on Systems, Man, and Cybernetics Part A: Systems and Humans, 2002, 32 (3): 289-304.

[191] Sönmez M, Holt G D, Yang J B, et al. Applying evidential reasoning to prequalifying construction contractors [J]. Journal of Management in Engineering, 2002, 18 (3): 111-119.

[192] Gong Bengang, Hua Zhongsheng. The evidential reasoning approach for multi-attribute decision making problem with incomplete decision matrix [C] //Proceedings - Fourth International Conference on Fuzzy Systems and Knowledge Discovery, 2007, 2: 416-420.

[193] Jianbo Yang, Pratyush Sen. A general multi-level evaluation process for hybrid MADM with uncertainty [J]. IEEE Transactions on Systems, Man, and Cybernetics, 1994, 24 (10): 1458-1473.

[194] Jianbo Yang, Singh Madan G. An evidential reasoning approach for multiple-attribute decision making with uncertainty [J]. IEEE Transactions on Systems, Man and Cybernetics, 1994, 24 (1): 1-18.

[195] Yang Jianbo, Xu Dongling. Evidential reasoning rule for evidence combination [J]. Artificial Intelligence, Elsevier B. V., 2013, 205: 1-29.

[196] Herrera Viedma E, Herrera F, Chiclana F, et al. Some issues on consistency of fuzzy preference relations [J]. European Journal of Operational Research, 2004, 154 (1): 98-109.

[197] Saaty Thomas L. The analytic hierarchy process [M]. 1st ed. New York: McGraw-Hill, 1980.

[198] Min Yuan Cheng, Chia Chi Hsiang, Hsing Chih Tsai, et al. Bidding decision making for construction company using a multi-criteria prospect model [J]. Journal of Civil Engineering and Management, 2011, 17 (3): 424-436.

[199] Dong Ling Xu. An introduction and survey of the evidential reasoning approach for multiple criteria decision analysis [J]. Annals of Operations Research, 2012, 195 (1): 163-187.

[200] Keeney Ralph L, Raiffa Howard. Decisions with multiple objectives: preferences and value trade-offs [M]. England: Cambridge University

Press, 1993.

[201] Gul Polat, Befrin Neval Bingol, Enis Uysalol. Modeling bid/no-bid decision using adaptive neuro fuzzy inference system [C] // Construction Research Congress 2014. 2014: 1083−1092.

[202] Yong Tao Tan, Li yin Shen, Craig Langston, et al. Construction project selection using fuzzy TOPSIS approach [J]. Journal of Modelling in Management, 2010, 5 (3): 302−315.

[203] Cheng Eddie W L, Li Heng. Analytic network process applied to project selection [J]. Journal of Construction Engineering and Management, 2005, 131 (4): 459−466.

[204] Jui Sheng Chou, Anh Duc Pham, Hsin Wang. Bidding strategy to support decision-making by integrating fuzzy AHP and regression-based simulation [J]. Automation in Construction, 2013, 35: 517−527.

[205] Hassanein Amr A G, Hakam Zeyad H R. A bidding decision index for construction contractors [J]. Building Research & Information, 1996, 24 (4): 237−244.

[206] El Mashaleh Mohammad S. Decision to bid or not to bid: A data envelopment analysis approach [J]. Canadian Journal of Civil Engineering, 2010, 37 (1): 37−44.

[207] Ravanshadnia Mehdi, Rajaie Hossein. Semi-ideal bidding via a fuzzy topsis project evaluation framework in risky environments [J]. Journal of Civil Engineering and Management, 2013, 19 (sup1): S106−S115.

[208] Ching Torng Lin, Ying Te Chen. Bid/no-bid decision-making—A fuzzy linguistic approach [J]. International Journal of Project Management, 2004, 22 (7): 585−593.

[209] https://www.prsgroup.com/explore−our−products/international−country−risk−guide [EB/OL].

[210] https://fxtop.com/en/historical − currency − converter. php [EB/OL].

[211] https://fxtop.com/en/inflation−calculator.php [EB/OL].

[212] Cowles M F. A rule of thumb for psychology researchers [J]. Perceptual and Motor Skill, 1974, 38: 1135−1138.